# Le Bonheur sinon rien

Le Texte Vivant, 2015

ISBN : 978-2-36723-093-1

Illustration de la couverture : Géraldine Cirod

# Le Bonheur sinon rien

Alain Némarq

LE TEXTE vivant
by
publishroom

www.letextevivant.fr

# Introduction

Suis-je heureux ?
Je n'aurai cessé dès mon enfance de me poser la question. Et de ne savoir y répondre avec certitude. Sur la même affaire, la même matière, le même événement, la même rencontre, certains jours, c'est oui. Les jours suivants, après mûre réflexion, c'est non. Ou le contraire.

Un matin de juillet 1973, au terme de l'épreuve de culture générale à l'oral du concours d'entrée d'une grande école de commerce, alors que, convaincu d'avoir été mauvais, je me levai, déconfit, de mon siège face à l'examinateur toujours assis, celui-ci me lança d'une voix bizarrement empathique : « Némarq, si vous étiez admis, vous sentiriez-vous heureux ? »
Panique à mon bord. Hors programme le bonheur ! Vous n'êtes pas informé, Monsieur l'Examinateur avec un grand E ? Que peut bien faire, à ce sondeur sans façon des âmes et des cœurs, si je serai heureux ou pas ? Outre que, comme question bateau…

Heureux, moi ? Je ne n'avais pas potassé cette matière, plus inconnue de nos manuels que le beurre salé chez les batraciens ou le grec ancien dans la Silicon Valley. L'économie, le chiffre d'affaires, et le bonheur individuel ? « Beau comme la rencontre fortuite sur une table de dissection d'une machine à coudre et d'un parapluie », écrivait Isidore Ducasse, comte de Lautréamont, dans *Les chants de Maldoror*, révérés par les Surréalistes. Où irait-on, je vous le demande, à corréler ces deux galaxies aux antipodes ? Un peu d'esprit, de sérieux. Respect, je vous prie, pour la Chose économique ! Quant au candidat Némarq, j'étais un nom parmi mille autres, en rien un sujet doté d'une identité propre.

Et puis bonheur, malheur : que seraient venus faire ces aérolithes intempestifs, sauf à nous déconcentrer, infortunés potaches en pleine rumination des ratios de rentabilité et du remboursement de dette à meilleure fortune ? On n'entreprenait pas, que je sache, des études commerciales pour gloser sur l'existence, trouver un sens à la vie, s'offrir des états d'âme, mais pour se formater en manager pur et dur. Point barre. Le reste, c'est peu de le dire, ne relevait pas – cela a-t-il beaucoup changé ? – de l'ADN des business schools. Philosophie, psychologie, sciences humaines : inconnues au bataillon. Nul, même, ne s'en avisait. À d'autres, les spéculations sur le monde et la condition humaine, le doute sur soi. Aux têtes d'œufs, le jus de crâne. Nous n'étions pas venus là pour cela. Les affaires sont notre affaire. Sorti de là, point de salut. Circulez, vous dis-je, il n'y a rien à voir, rien à savoir !

Cette question tombée de la lune, était-ce un piège, caché derrière l'empathie d'un aîné soudain bienveillant pour l'impétrant que j'étais ? Ma réponse déciderait-elle de l'issue du concours ? Dire : « Je serais très heureux » ? Trop lisse, trop convenu. Plus-value : zéro. Non ; rattraper, si possible, mon piteux oral, répondre par un oui bien tourné. Faire intelligent. Sauf que, pris de court, je ne me voyais pas improviser, inventer une formule en fanfare sur le bonheur, enchaîner des idées à partir de rien. Trop acrobatique, et finalement casse-gueule. S'en sortir par une question sur la question ? « Je serais très heureux, bien sûr. Mais qu'est-ce que le bonheur ? »

Pirouette ; dialectique à deux sous. Facile, et, en plus, suffisant. Jouer les esprits forts n'était pas mon faible. Encore moins en la circonstance. Le bon sens étant la chose la mieux partagée du monde, après un temps d'arrêt, je hasardai que, pour l'heure, je n'en savais trop rien. J'envisagerai la question une fois reçu ou pas, et fixé sur mon sort. Sur des fondements alors certains. Comment savoir avant ? Ça passerait ou ça casserait. Mais cela avait le mérite d'être – relativement – logique. En outre, j'étais sincère. Ou presque. La vraie raison – que je tus – était que j'étais superstitieux. Je ne vendrai la peau de l'ours qu'après l'avoir tué. L'Examinateur avec un grand E me jeta un regard amusé et se leva sans un mot.

Le pourquoi de cette interpellation étrange s'éclairerait quelques moments plus tard. Croisant mon inquisiteur dans un couloir, il me héla, un rien goguenard : « Je vous ai vu balancer tout à l'heure devant ma question du bonheur. J'ai apprécié votre indécision, mon jeune ami. Si, si, croyez-moi. C'est un signe de maturité. Auriez-vous par hasard lu Montaigne ? Vous voyez qui il est, je suppose. »
Je n'avais rien à perdre. À ton badin, réponse de la même farine.
– « Supposition exacte. Enfin presque… Au cœur des guerres de religion qui ravageaient la France, Montaigne a prôné la tolérance, pour… – je feignis d'hésiter – un commerce pacifique entre les hommes. Le commerce des idées. »
Sourire de l'Examinateur.
Il se trouvait par chance que j'avais, en effet, lu Montaigne. Un peu. Très peu. Mais dont, O miracle, un morceau célèbre sur le bonheur ! Fouillant dans ma mémoire, mangeant mes mots, je citai avec beaucoup d'à peu près le passage fameux sur Crésus : « Les enfants savent le conte du roi Crésus, lequel, ayant été pris par Cyrus et condamné à mort, sur le point de l'exécution, il s'écria : « O Solon, Solon ». Cela rapportait à Cyrus, et s'étant enquis ce que c'était à dire, il lui fit entendre qu'il vérifiait lors à ses dépens l'avertissement qu'autrefois lui avait donné Solon, que les hommes, quelque beau visage que la Fortune leur fasse,

ne se peuvent appeler heureux jusqu'à ce qu'on leur ait vu passer le dernier jour de leur vie, pour l'incertitude et variété des choses humaines, qui, d'un bien léger mouvement, se changent d'un état en un autre tout divers».
L'Examinateur fit une moue enjouée : «*Essais*, chapitre XIX, *Qu'il ne faut juger de notre heur qu'après la mort*», et sans rien ajouter, il me tourna les talons.

Trois semaines passèrent. Je fus reçu haut la main.
«Vous sentiriez-vous heureux, Némarq, si vous étiez reçu ?» La réponse était oui.
Merci le bonheur. Merci, plus encore, Montaigne.

Quarante ans après, l'interrogation demeure. Suis-je heureux ? N'en déplaise à Montaigne, et n'oublierais-je en rien ma dette à son égard, je ne me sentais pas alors, et pas davantage aujourd'hui, en mesure de juger du bonheur en général et encore moins du mien en particulier, après ma mort. Aussi incertaines que soient les choses de notre vie, aussi variable que soit la Fortune, je préfère disputer tant que je suis de ce monde de ce qu'il en est du bonheur humain, plutôt que reporter cet examen dans un au-delà dont je ne suis pas certain. Je rejoins là la pensée de mon maître en rébellion Spinoza, qui remit en cause cette antienne, chère aux religions du Livre, que les privations de bonheur, de liberté et d'espoir dans ce monde seraient compensées par d'éventuels bienfaits et des réparations post-mortem dans un autre, édénique, parfait.

De quoi j'ose me mêler ? Pourquoi, dira-t-on, disputer une fois de plus du bonheur, venant d'un homme qui, loin d'être un penseur de métier, exerce la profession de joaillier, quand tant d'esprits illustres l'ont précédé dans cet exercice hautement philosophique, après que tant d'intelligences brillantes nous aient

au long des siècles dispensé conseils et sagesse à profusion ? Ne sait-on pas déjà tout à travers leurs écrits ? Tout n'a-t-il pas été dit, pensé, rebattu sur le sujet ?
Mais Descartes n'a-t-il pas affirmé : « C'est proprement avoir les yeux fermés sans tâcher jamais des les ouvrir que de vivre sans philosopher » ? Alors, si Descartes en personne m'y invite, je ne saurais me dérober à philosopher sur le bonheur.

Mais en saurais-je, moi, plus que d'autres, en matière de bonheur ? Pourquoi, humble et présomptueux à la fois, m'y risquer à mon tour ? Je n'ai pas la réponse. Je la cherche bel et bien ici. Tel est l'enjeu et le pari de ce livre en forme de découverte de soi et des autres. Car si tous, nous en disputons sans fin avec autrui comme avec nous-mêmes, c'est que la chasse au bonheur, cette grande affaire des hommes depuis la nuit des temps commence toujours par là, par ces questions de soi à soi : que puis-je désirer ? Que sont les choses bonnes de l'existence ? Comment régler le cours de ma vie pour leur juste acquisition ?

M'interroger, douter, m'interpeller sans ménagement, telle aura été ma règle de vie, mon péché mignon plutôt que l'introuvable réponse, la question, toujours la question, encore la question ! Pourquoi, ceci étant, cette question du bonheur quasi névrotique chez les contemporains, et tout autant chez moi ?
C'est toujours avec appréhension que je considère le moment du passage à chaque étape de l'existence, comme une épreuve. Qu'en sera-t-il, le fameux jour d'après ? Dans le ventre de ma mère, je devais, à coup sûr, m'interroger déjà sur ma faculté à être heureux au jour de ma naissance, tant je me sentais bien là où j'étais. Allais-je perdre ce bonheur ineffable ? En gagnerai-je un autre ? Mon premier cri dut être un cri d'effroi. La venue au monde commençait par la perte du bonheur intra-utérin. Dieu merci, j'en retrouvai un autre tout aussitôt, entre ma mère Yvonne et ma

grand-mère Marthe, qui baignèrent ma prime enfance et la suite dans une félicité parfaite. Sauf que, nageant dans le bonheur, je ne cessais à chaque heure ou presque de craindre de le perdre, certes pas tout de suite, mais quand je ne serai plus cet enfant chéri. Au point que j'ai longtemps refusé de grandir. Pire encore, je fantasmais très tôt la séparation et la mort de mes deux anges gardiens. Que deviendrai-je sans elles ? Cela, souvent, suffisait à corrompre ces moments bénis entre leurs mains aimantes, et je redoublais d'attente, de demandes de baisers, de preuves d'amour, en vue de conjurer le sort. D'instinct, je sus le bonheur mortel, et je lui en tins rigueur. Trop beau pour durer éternellement. Trop beau pour être vrai. Une sorte de piège caché à retardement. L'idée même du bonheur, sa présence à mes côtés, ses délices sans nombre, nourrirent en retour un fond de pessimisme et de noirceur qui ne m'a plus quitté.

Considérons d'ailleurs l'étymologie du mot bonheur : bon heur. Soit la bonne fortune, c'est-à-dire la chance. Bref, le bonheur viendrait, telle la chance, de l'extérieur, sous l'effet d'un heureux hasard ou d'un décret de la Providence, dont nous serions les récipiendaires involontaires. Le bonheur ne dépendrait pas de nous, de nos propres travaux à parfaire nos désirs. Ne reposerait pas sur nous la tâche d'être heureux. En un mot : au petit bonheur, la chance. Je m'inscris en faux contre cette acception, bonne pour la cartomancie. L'homme est le premier ouvrier de son propre bonheur. Non moins, tout autant, que l'artisan de son propre malheur. Pour le coup, sommes-nous libres d'être heureux ? Sûrement pas. Car s'il y a une aptitude universelle au bonheur, les hommes, n'en déplaise à Rousseau, ne naissent ni libres ni égaux.

## Montaigne, Kant, et autres philosophes

J'invoquais mes augustes « prédécesseurs ». Les voici brièvement résumés, tous loués pour leurs lumières sur le bonheur, aussi diverses soient-elles, avant que je m'essaie à en trancher moi-même et, fort de l'audace du néophyte, à y adjoindre mes propres vues.

L'histoire de l'humanité commence par deux mythes fondateurs contraires.
Le bonheur, au regard de la Bible, est une denrée inconnue. Le paradis originel est à jamais perdu, l'Âge d'or est derrière nous, la chute dans le monde ici-bas, le péché et le mal condamnent l'homme à travailler à la sueur de son front, en vue de sa rédemption et son salut dans une vie future. La vie terrestre est pure vallée de larmes, un séjour transitoire où il importe de se garder du mal et de la tentation, des souillures de la matière, des concupiscences du corps comme du vagabondage de l'âme. Exit d'emblée l'idée même du bonheur, doublé d'un rejet de la chair et du désir, objet de toutes les imprécations des théologiens, de saint Augustin et Thomas d'Aquin, jusqu'au XXe siècle.
À cet idéal ascétique, à ce pessimisme princeps de la condition humaine vouée à la désespérance et au rachat de sa nature coupable, s'oppose point par point le mythe libérateur de Prométhée. Ce Titan, créateur du premier homme qu'il façonne avec de l'argile puis anime grâce au feu céleste dérobé aux Dieux, est le symbole de la liberté humaine et l'agent exemplaire du devenir

d'un monde propre à l'homme, fait pour lui et par lui, qu'il lui revient de bâtir souverainement, pour le bonheur et la grandeur futurs de l'espèce.

La conception de la vie terrestre comme vallée de larmes, expiation sans recours de notre nature mauvaise et de nos fautes contre les lois de Dieu, me révulse. À ce titre, la Shoah serait une punition divine. Telle fut la thèse, au sortir de la seconde guerre mondiale, de certains rabbins extrémistes, arguant que le peuple juif, gagné par l'athéisme et l'assimilation, avait payé son oubli de Dieu, de sa destruction en Europe. Dieu ne peut vouloir la mort de millions d'innocents ! La création d'Israël, à l'inverse, est l'illustration presque à la lettre du mythe de Prométhée, cette capacité magnifique qu'a l'homme de prendre son destin en main sans s'en remettre à Dieu. Qui, bon prince, lui a soufflé à cette fin : « Aide-toi, et le Ciel t'aidera. »

Autre mythe libérateur et hymne sans précédent au banquet de la vie, le mythe de Dionysos, le dieu du vin, fils illégitime de Jupiter et de Sémélé, enfermé, après la mort de sa mère, dans la cuisse de son père dont il sortit le jour de sa naissance. Dieu sacrilège des plaisirs, transgressant codes et mœurs, précédé sur son char d'un cortège de satyres, de bacchantes, de ménades et de nymphes, dieu des passions licites et illicites, des extases et de l'excès, dieu orgiaque du rire, de la satire et de la puissance de la vie, possédé de part en part par Éros, vainqueur à ce titre des pulsions de mort des passions tristes, du ressentiment, de la jalousie et de l'envie qui rongent le cœur des humains, Dionysos, révéré par Nietzsche, hante encore et toujours, trois millénaires plus tard notre civilisation des loisirs et des plaisirs illimités. Tant la question qu'il posa transcende époques et cultures. Tant, plus que jamais, elle s'adresse à la masse de nos contemporains en proie au désarroi existentiel : le bonheur est-il dans l'extase ou dans le pré, dans l'accumulation et la dépense gratuite – potlatch somptuaire, consumérisme à tout va – ou dans la tempérance, dans l'excès ou la mesure ? Dans le corps et les plaisirs de la chair ou dans l'esprit de la nature ? La « leçon à l'envers » de Dionysos, aussi paradoxale et sulfureuse soit-elle, ne manque pas d'interpeller nos sociétés postmodernes et l'hédonisme matérialiste qui les commande et les meut sans relâche. Plus que jamais, le bonheur est une idée neuve en Europe, pour reprendre la formule fameuse de Saint Just, à l'orée de la Révolution française. Mais lequel ?

Il y eut les années Dionysos, même si c'est beaucoup dire… J'avais vingt ans dans la décennie soixante-dix, et je dirais, oui, que c'était le plus bel âge de la vie. Le slogan de mai 1968 « Jouir sans entrave » s'appliquait au jour le jour, de façon fantasmatique, en ce qui me concerne, et dans l'imaginaire bien plus que dans le réel, outre que la lecture éblouie de Sartre m'emmenait sur de tout autres chemins, les chemins de la liberté, que les débordements dionysiaques. Mais « Dionysos » aura imprimé sa trace sur mes mœurs d'adulte. Face à l'irruption du tragique dans ma vie, à la perte de mes proches, face aux échecs brutaux, aux aléas sans appel de l'existence, aux revirements de fortune qui vous laissent K.-O., l'oubli fut chez moi de me réfugier dans l'ivresse. Ce n'était pas qu'une ivresse de fuite, de compensation. C'était aussi une ivresse joyeuse. Lorsque le monde de la raison devient insupportable, quand Trop c'est trop, envoyons tout en l'air. Et passons au Jouir, sans but, sans rime ni raison.

Après Dionysos, je découvris Epicure. Avec l'avènement de la fameuse « aurore grecque » du IVe siècle avant J.-C. – le siècle de Périclès – l'on passe enfin des mythes à la philosophie. Au mythe ancien de Dionysos répond en écho Epicure, fondateur de la philosophie hédoniste qui porte son nom, qu'il dispensa à Athènes au début du troisième siècle avant notre ère à ses nombreux disciples réunis dans le célèbre Jardin qui portait son nom.

La postérité nous a légué une image largement biaisée d'Epicure, tel un prophète de la jouissance tous azimuts, grand prêtre des plaisirs sans entraves, sorte de philosophe pour Club Méditerranée à l'antique, du fait qu'il ait, entre autres écrits, professé dans sa fameuse *Lettre à Ménécée*, qu'il « convient de s'appliquer assidûment à tout ce qui peut nous procurer la félicité », et ait décrété que le plaisir est « le commencement et la fin de la vie heureuse », soit le but de l'existence. Sauf qu'Epicure, à rebours de *l'hubris* dionysiaque, distingue les désirs nécessaires, les désirs naturels et ceux qui sont vains : gloire, richesse, luxe, pouvoir, immortalité. Loin de lier notre contentement à l'accumulation des biens matériels et à la multiplication des sensations, attaché avant tout à se garder de la multiplication des sensations, attaché avant tout à se garder de la souffrance et la peur, Epicure définit le bonheur non comme béatitude heureuse et licence donnée à nos appétits, mais comme l'absence de douleurs physiques et de troubles de l'âme. C'est ce qu'on appelle l'ataraxie. Quant à la mort et au désir d'immortalité, il faut, de même, s'en délivrer, pour la raison que « tant que nous existons, la mort n'est pas, et que quand la mort est là, nous n'y sommes plus. » La mort n'existant pas dans la vie, elle ne peut donc être ni désirable ni désirée.

Le hasard fait que j'écris ces lignes au sortir d'un déjeuner avec une femme admirable qui, trois ans auparavant avait perdu un fils de dix ans d'une tumeur au cerveau. Sa souffrance me fit jaillir des larmes. Je lui tins à peu près ce propos : « Vous avez vécu avec la mort, vous pleurez l'enfant absent. Vous avez poursuivi coûte que coûte votre vie, de mère de vos trois enfants, de femme et d'amante. La vie l'a emporté. Elle a pour vous tourné la page. »

À ma mère et à Marthe, au bonheur prodigué par ces deux dames aimantes, avaient succédé les jeunes filles en fleur, les jeunes filles de mes îles de Wight. Mon jardin d'Epicure fut mon mariage et ma prompte paternité, qui m'apportèrent une forme d'ataraxie heureuse. Fini le vagabondage des sens.

Pour autant, je ne serai jamais, de près ou de loin, en quoique ce soit stoïcien.

À mon entrée dans l'âge d'homme et ses nécessaires renoncements, Sénèque est d'autant moins devenu un maître à penser par défaut… que j'ignorais jusqu'à son existence.

Né au début du premier siècle de notre ère, lointain disciple du Grec Zenon, Sénèque, précepteur de Néron, est avec Epictète plus tard et l'empereur romain Marc-Aurèle, un philosophe stoïcien. À la différence des épicuriens, la douleur, aux yeux des stoïciens, n'est pas un mal en soi – elle-même sert un bien – tant l'homme de raison, cultivant sans relâche la vertu, doit s'affranchir, jusqu'à l'insensibilité, des circonstances extérieures, en homme souverainement détaché de l'existence comme de son enveloppe corporelle et des biens terrestres, et demeurer indifférent au cours des événements. Les stoïciens pensaient que les sentiments dépendent absolument de notre volonté et que nous pouvons leur commander absolument, jusqu'à exercer un empire parfait sur nos passions. L'âme devenue bronze, s'abstrait alors de la contingence de notre humaine, trop humaine existence. À cette aune, le suicide constitue la suprême liberté humaine. Sommé par son maître Néron, atteint de démence, qui incendiera Rome deux ans plus tard, Sénèque s'ouvre les veines sans chercher un instant à se soustraire par la fuite à ce diktat fatal. La mort est désirable, car elle grandit la vie. Voici, dans ce passage tiré *De la vie heureuse*, comment Sénèque conçoit, si l'on peut dire, le bonheur : « Or tu vois quel misérable et funeste esclavage devra subir l'homme que le plaisir et la douleur, les plus capricieux despotes et les plus passionnés, vont se disputer tour à tour. Élançons-nous donc vers la liberté que rien ne donne, hormis l'indifférence pour la Fortune. Alors commencera ce bonheur inappréciable, ce calme d'un esprit retiré en un asile sûr d'où il domine tout. Alors plus de terreurs. La possession du vrai nous remplira d'une joie immense, inaltérable, et de sentiments affectueux et expansifs que nous savourerons moins comme des biens que comme des fruits d'un bien qui est en nous. »

Le plaisir-esclavage ? Un despote ? Je ne saurais imaginer l'homme et la femme sans la puissance de l'orgasme, et, en regard, la douleur des corps est d'autant plus inhumaine, que rien, aucune fatalité, aucune acceptation, ne saurait nous la faire accueillir avec je ne sais quelle indifférence. Un sage impassible devant la douleur me semblera toujours moins vivant qu'un homme qui souffre, qui hurle et se rebelle. La grande preuve de la vie, c'est de refuser la souffrance et glorifier les plaisirs.

Acceptation de la nécessité, impassibilité devant le sort, austérité des mœurs, rigueur extrême de la vertu : fait tout entier de renoncement, le bonheur chez les stoïciens est une potion orgueilleuse trop impérieuse et amère à mon goût. Elle choque mon amour de l'existence, forclot mon goût d'entreprendre et d'améliorer le monde, décourage de se battre pour son bien et celui d'autrui, et fait injure à notre souci légitime des plaisirs et des jours.

À l'exception des suicides héroïques – Pierre Brossolette se jetant par la fenêtre du siège de la Gestapo avenue Foch pour ne pas parler, le suicide ne sera jamais à mes yeux qu'une démission face à l'instant, serait-il mûri et préparé de longue date.

Revenons à mon cher Montaigne, dont le stoïcisme tempéré n'est pas sans séduction. Franchissons les siècles où l'idée de bonheur n'était pas de mise ou si peu, pour aller rendre visite, au soir de la Renaissance, reclus dans sa tour du château d'Yquem en Bordelais, au sieur de Montaigne, polissant ses *Essais* dans la chère librairie. Je lui pose d'emblée la question du bonheur. Rire de Montaigne, ce maître en scepticisme, naturaliste de l'humaine condition, ami des hommes autant que sans illusion sur eux, pointant sans relâche leurs peurs, leurs petitesses et autres tares, dont il ne s'exemptait nullement lui-même. Ah ! Le fameux rire de Montaigne ! Son rire dure longtemps, s'arrête enfin. Voici sa réponse. Je la rapporte fidèlement : « Parmi les fêtes et la joie, ayons toujours ce refrain de la souvenance de notre condition, et ne nous laissons pas si fort emporter au plaisir, que parfois il ne nous repasse en la mémoire combien de sortes notre allégresse est en butte à la mort, et de combien de prises elle la menace. Ainsi faisaient les Égyptiens, qui, au milieu de leurs festins et parmi leur meilleure chaire, faisaient apporter l'anatomie sèche d'un corps d'homme mort, pour servir d'avertissement aux conviés. »

À l'appui de ses Égyptiens si pleins de philosophie, je lui narre à mon tour l'histoire suivante.

J'ai seize ans, nous dînons, mes parents et mon oncle accompagné de sa petite amie de quarante ans de moins que lui, un mois d'août à l'hôtel des Palmiers, à Saint-Raphaël. L'heure est aux plaisirs de la table et de la famille ; nous avons commandé une somptueuse bouillabaisse. La conversation s'échauffe, le serveur apporte les assiettes de soupe dans lesquelles il s'apprête à mettre le poisson. Mon oncle, Maurice, ce géant, dont les papilles déjà se réjouissent, soudain s'effondre dans l'assiette, éclaboussant le garçon en train de le servir. Nous le voyons tous mort. Terreur de sa jeune compagne. Dieu merci, il ne l'est pas. Il se réveille et part d'un éclat de rire tonitruant « Ah ah ! Je vous ai vraiment fait peur, hein ? ». On lui ressert derechef sa bouillabaisse. Il avait fait un énorme malaise.

Montaigne opine d'un sourire entendu, et reprend, pour parfaire son propos : « Les choses nous paraissent souvent plus grandes de loin que de près. J'ai trouvé que sain j'avais eu les maladies beaucoup plus en horreur que lorsque je les ai senties ; l'allégresse où je suis, le plaisir et la force me font paraître l'autre état si disproportionné à celui-là, que par imagination je grossis ces incommodités de moitié, et les conçois plus pesantes que je ne les trouve quand je les ai sur les épaules. »

Rien n'y fait : je suis terrifié, chaque automne, par la piqûre du vaccin contre la grippe. Qui s'avère parfaitement indolore. Ne parlons pas des prises de sang. Nous sommes si épouvantés par l'inéluctabilité de notre néant, que le moindre avatar nous semble en être le signe avant-coureur, porter en lui une petite mort et nous procure absurdement un supposé avant-goût de la vraie.
Pour finir, Montaigne assène avec une égale douceur dans la voix : «Je crois des hommes plus malaisément la constance que tout autre chose, et rien plus aisément que l'inconstance. Notre façon ordinaire, c'est d'aller après les inclinaisons de notre appétit, à gauche, à dextre, contremont, contrebas, selon que le vent des occasions nous emporte. Nous ne pensons ce que nous voulons qu'à l'instant même que nous le voulions, et changeons comme cet animal qui prend la couleur du lieu où l'on couche. Ce que nous avons à cette heure proposé, nous le changeons tantôt, et tantôt encore retournons sur nos pas. Ce n'est que branle et inconstance. Chaque jour, nouvelle fantaisie, et se meuvent nos humeurs avec les mouvements du temps.»

Qu'est-ce que l'inconstance ? J'ai toujours été fort mal disposé à l'endroit des opportunistes, ces individus étranges conformant leurs opinions et leurs actes au public auquel ils les destinent. Pour autant, j'admire l'intelligence extrême d'un Edgar Faure, qui, de sa voix à la coquetterie zézayante, se défendait avec humour : «Ce n'est pas la girouette qui tourne. C'est le vent.» Alors, s'élever contre l'inconstance, rester ferme sur ces principes, ses convictions, ses positions, ignorer la contingence ? Il est aisé de critiquer l'inconstance d'un conjoint quand on connaît les couples amis. Mais que sait-on vraiment des causes privées de l'infidélité des uns ou des autres ?

Le mot bonheur n'a pas été prononcé une seule fois par ce maître en stoïcisme mâtiné d'Epicure. Nous n'en saurons pas plus. Mais nous voilà prévenus. Nous quittons Yquem un peu plus sages que nous n'étions venus. Bien décidés cependant à conduire notre enquête sur le bonheur dans un sens plus ouvert, si possible, aux promesses que ce beau mot contient.

Dans cet esprit, transportons-nous un siècle plus tard dans la libre Amsterdam auprès de Baruch Spinoza (1632-1677), premier juif athée de l'histoire des idées, devenu philosophe métaphysicien dans la Hollande orangiste, havre de tolérance religieuse et politique au sein d'une Europe partout soumise à l'absolutisme royal et aux Églises d'État. Mis au ban de sa communauté pour avoir proclamé le fameux « Dieu, c'est-à-dire la Nature », formidable coup de force panthéiste qui nie toute transcendance divine, ce polisseur de verres ne traite pas directement du bonheur – le mot est quasiment absent de son œuvre – lui préférant les mots de béatitude, de quiétude et de joie. Mais tout le reste, pour la première fois, y est, où les philosophes de l'avenir, les vitalistes, les matérialistes, les libres penseurs, les athées, les amis du genre humain, puiseront à profusion concepts et certitudes.

Pour Spinoza, à l'encontre de l'idéalisme platonicien et du rationalisme de son contemporain Descartes, le désir, qu'il appelle en latin *conatus,* est l'essence même de l'homme. Il est l'expression de la puissance vers ce qui nous paraît bon. « Ce qui fonde l'effort, le vouloir, l'appétit, le désir, nous dit Spinoza, n'est pas qu'on ait jugé qu'une chose est bonne ; mais, au contraire, on juge qu'une chose est bonne par cela même qu'on y tend par l'effort, le vouloir, l'appétit, le désir. » (*L'Éthique,* III). L'essence de l'homme n'est pas d'être voué à l'Idée et au Bien (Platon), d'être un être conscient ou pensant (Descartes) mais d'être un être de désir (ce que Freud, plus tard, mettra au cœur de la psychanalyse). L'essence de l'homme est sa puissance, puissance du corps (étendue), puissance de l'esprit (pensée), toutes choses que reprendra Nietzsche presque à la lettre dans la *Volonté de puissance.* Selon que son effort vers la puissance et son appétit de vivre seront favorisés ou empêchés, l'homme passera à un plus grand ou moindre degré de puissance et de perfection, et sera affecté d'un sentiment de joie ou de tristesse.

Le *conatus* est-ce par quoi chaque chose, tout être, s'efforce de « persévérer dans son être » selon un déterminisme intangible qui, loin du libre arbitre chrétien et des supposés pouvoirs de l'âme sur nos actions, est la loi universelle de la nature, nature dont les lois sont partout et toujours les mêmes, l'humanité comprise. Lois qui poussent les gros poissons à manger les petits en vertu d'un droit naturel souverain ; mêmes lois de nature exactement qui gouvernent nos affections, haine, colère, envie. Le droit naturel est l'exercice réglé de ces lois. La découverte de leur mécanisme, la science de nos affections, constitue le socle nécessaire d'un comportement moral en accord avec le Grand Tout. Le droit naturel n'interdit rien de ce que la Nature rend possible, ne prohibe rien, passions comprises, ni les conflits, ni les haines, ni la colère, ni l'aversion.

Les hommes « péchant par une nécessité de nature » seraient-ils alors irresponsables et leurs actes éternellement excusables ? « Dieu ne s'irrite pas, répond Spinoza. Tout arrive selon son décret. » Mais il ajoute, limitant le droit de la nature en vertu des lois utiles à la nature humaine : « Qui devient enragé par la morsure d'un chien, doit être excusé à la vérité et cependant on a le droit de l'étrangler. Et qui, enfin, ne peut gouverner ses désirs ni les contenir par la crainte des lois, bien qu'il doive être excusé en raison de sa faiblesse [...] périt nécessairement. »

Spinoza représente une étape fondamentale en faveur du droit des hommes au bonheur. Pas de bonheur, dit-il, sans droit à la connaissance et au libre examen, à commencer par les textes de la Bible. Spinoza remet en cause l'origine divine des récits testamentaires, leur chronologie fictive et leurs inexactitudes, tous textes, dit-il, qui ne peuvent avoir été écrits sous la dictée de Dieu et à l'époque alléguée, mais bel et bien par des hommes. Il n'y a aucune raison de penser que Dieu nous ait faits à son image, et que nos actes le satisfont. Ce fut la première raison de son excommunication. La seconde raison est que le message transmis, la transmission de la Loi par la Torah et la Kabbale, ne véhicule que des superstitions dans l'intérêt premier de leurs desservants, afin d'asseoir leur pouvoir théologique. Ce qui revient à nier la religion en tant que système institué. Ajoutons que Spinoza est l'ancêtre de la pensée marxiste : tout effet, dit-il, a une cause, et les choses sont la résultante de la réunion de leurs causes. La causalité est historique, elle ne doit rien à un supposé déterminisme téléologique, Dieu n'est pas la source de l'histoire des hommes ni du mouvement du monde. Le déterminisme est historique. Seuls les hommes font l'Histoire. De même, seule la connaissance des phénomènes de la nature, nature humaine comprise, est vraie.

Est-ce à dire que Dieu n'a pas sa place dans l'édification et l'architecture du monde ? Dieu pour moi est à l'origine de tout, du Grand Tout. Il a créé le monde, c'est-à-dire le cadre, et la mécanique terrestre et ses mouvements, laissant aux hommes le soin d'habiter ce cadre, de le meubler à leur guise, de le faire vivre et d'user le Tout, les mécanismes. Sa tâche accomplie, Dieu ne s'implique en rien dans la trame quotidienne de nos vies et dans notre destin, dont nous sommes les seuls et libres acteurs.

Il n'y a pas de ce fait de limites à la Connaissance. Notre pouvoir sur la vie est potentiellement infini. À nous le privilège de régler les affaires du monde.

Spinoza m'a enseigné que l'amour de la liberté peut et doit aller jusqu'au choix d'être excommunié par sa communauté, si elle est vécue, avec ses règles et ses interdits, comme une prison pour l'Être et pour l'esprit. Par les temps qui courent, l'exemple de Spinoza a valeur de rappel et résonne comme un cri : plutôt se faire apatride que vivre dans un pays où régnerait l'ordre moral et où l'ordre républicain serait bafoué.

Comme tant d'autres avant moi, je m'incline devant la force et la modernité de la pensée de Spinoza. Vais-je m'incliner devant Pascal, génie littéraire, mathématique et religieux à la fois ? Face aux deux premiers Pascal, notre admiration est sans borne. Le troisième, le Pascal janséniste devenu mystique sur le tard non sans avoir fréquenté les milieux libertins au milieu du siècle de Louis XIV, a écrit dans les *Pensées* cette condamnation qu'il entendait définitive, du bonheur : « Tout le malheur des hommes vient d'une seule chose, qui est de ne pas savoir demeurer en repos dans une chambre. » Le même homme recourra *in fine* à des pratiques de mortification, en haine de sa propre chair. Jouissant partout du commerce de mes semblables, je m'honore de partager avec eux ces « divertissements » que l'austère moraliste condamnait. Tant – au choix – la vie, la Providence, Dieu, ou encore la nature, veulent le bien des hommes et non leur malheur. Tant reposent notre vivre ensemble et une bonne part de notre bonheur individuel sur les liens – amitié, compétition, rivalité, citoyenneté – que les hommes tissent entre eux au sortir, chaque jour, de leur chambre forteresse pour vaquer à leurs occupations dans la Cité humaine. Voir ainsi crevées les bulles de l'égoïsme et de la vie privée, se double d'un spectacle dont je ne me suis jamais lassé. Le bonheur est chose sociale autant qu'individuelle.

Au sortir de cette brève visite pascalienne, passons sans transition à l'opposé, trait pour trait, de l'ermite de Port Royal, à La Mettrie, auteur trop oublié d'un éblouissant et prémonitoire *L'art de jouir* (1751), ouvrage des plus matérialistes et des plus crus, quand ses parents l'avaient, enfant, destiné à l'état ecclésiastique. Au sortir du Grand Siècle, de l'interminable règne de Louis XIV empesé de pompe et de gloire, pétri d'intolérance religieuse, figé dans le rigorisme final, l'aimable XVIIIe siècle sera le siècle des femmes, des Salons et des philosophes. Là comme ailleurs va briller, de plus en plus vif, l'incomparable esprit des Lumières. Les idées avancent, les croyances reculent. C'est le siècle de tous les savoirs, de la tolérance, de l'esprit à son plus haut et de la liberté de l'esprit. Rompant avec les carcans de la morale classique, la civilisation des mœurs s'accompagne de la manifestation savante des plaisirs, plaisirs de la conversation, galanterie, marivaudage, éloge de la volupté en toutes choses, des licences du cœur et des félicités du corps, jusqu'à l'érotisme, porté au plus haut. La haine immémoriale de la chair a vécu. Outre La Mettrie, amant de toutes les voluptés, qui mourut heureux d'une indigestion de foie gras à la cour de Frédéric II de Prusse, songeons à Fragonard, aux pastorales polissonnes de Boucher, au marquis de Sade, à Casanova, adeptes des liaisons dangereuses avec des religieuses trop candides et de jeunes vierges à jamais perverties. Au point, conclura Saint Just à l'aube de la Révolution française, que « le bonheur est une idée neuve en Europe. » Maîtresses et richesse confondues, insatiable jouisseur tout jeune évêque qu'il fut, Talleyrand au soir de sa vie, dira, nostalgique : « Qui n'a vécu avant 1789 ignore ce qu'est la douceur de vivre ».

Ah Diderot ! Diderot ou le bonheur de penser. « Les idées, ce sont mes catins », disait ce parfait comédien de la vie. L'homme de tous les enthousiasmes, de toutes les audaces de l'esprit et du cœur, le polygraphe universel, artisan vingt ans durant de l'*Encyclopédie,* ce monument du savoir, l'auteur libertin des *Bijoux indiscrets,* le pamphlétaire indigné des malheurs de la *Religieuse* qui fit scandale, le dialecticien libertaire du *Neveu de Rameau,* le critique d'art des *Salons,* l'homme de cœur sensualiste des *Lettres à Sophie Vollard,* sa maîtresse follement aimée, toujours trompée, Diderot fut tout cela à la fois, et reste à jamais l'Ami n° 1 des hommes, tel que le XVIIIe siècle les inventa. « Il n'y a qu'une seule vertu, la justice, écrivait-il ; un seul devoir, de se rendre heureux. » Merci, Diderot.

Mon professeur de philosophie était fanatique de Bachelard et de Diderot, à commencer par *Le neveu de Rameau*. Nous étions en 1970 et *La Religieuse* circulait encore sous le manteau, du fait d'un certain ministre de l'éducation nationale jusqu'en mai 1968, Alain Peyrefitte, père la pudeur et, deux siècles après, défenseur de la vertu des petites sœurs des pauvres dans les couvents de la Monarchie.

Diderot aura été l'antidote du rousseauisme militant de mon père, et ma professeur de philosophie était l'arbitre de cette querelle en moi-même entre Diderot le séducteur et Rousseau le rigoriste. Elle n'était pas marxiste, elle était libertaire. Son libertinage intellectuel se fondait sur *L'introduction à la pensée scientifique* de Bachelard, elle nous représentait ce que la science apporte de liberté à l'homme. L'homme moderne se devait d'être scientifique ou ne serait pas. Là où son propos se faisait moins scientifique et plus coquin, c'est qu'elle nous enseignait le libertinage de la pensée et des mots à grand renfort de Diderot, dans un balancement permanent avec Bachelard. La liberté humaine et le bonheur de penser sont au prix d'un aller-retour permanent entre les émotions, les sentiments la jouissance des sens, et l'explication scientifique du monde. Il y a du sensualisme dans les idées. Les jouissances du corps ne se séparent pas des jouissances de l'esprit.

Rousseau ? L'anti-Diderot. Rousseau le solitaire, Rousseau l'ombrageux, Rousseau le vertueux, ennemi du luxe et des plaisirs, Rousseau qui n'aime pas les divertissements, les passions sensuelles, les villes que corrompt la fausseté des mœurs, Rousseau qui n'aime que l'innocence de la nature et les bons sauvages (tu parles !), Rousseau qui n'aime pas les sens, fuit le désir, l'amour sexuel et le commerce des femmes, Rousseau ce misanthrope fâché avec lui-même, contempteur de son temps et de l'homme en société, Rousseau est un ennemi du bonheur.

Un seul exemple. Voici ce qu'écrit Rousseau dans l'*Émile,* son fameux traité d'éducation : « À mesure que ses désirs s'allument, choisissez des tableaux propres à les réprimer. Un vieux militaire qui s'était distingué par ses mœurs autant que par son courage, m'a raconté que dans sa première jeunesse, son père, homme de sens mais très dévot, voyant son tempérament naissant le livrer aux femmes, n'épargna rien pour le contenir ; mais enfin, malgré tous ses soins, le sentant près de lui échapper, il s'avisa de le mener dans un hôpital de vérolés et sans le prévenir de rien, le fit entrer dans une salle où une troupe de malheureux expirait, par un traitement effroyable, le désordre qui les y avait exposés. À cet hideux aspect, qui révoltait à la fois tous les sens, le jeune homme faillit se trouver mal. Va, misérable débauché, lui dit alors le père d'un ton véhément, suis le vil penchant qui t'entraîne ; bientôt tu seras trop heureux d'être admis dans cette salle où, victime des plus infâmes douleurs, tu forceras ton père à remercier Dieu de ta mort. » Sous prétexte de vérole, voici, érigé en modèle d'éducateur, un père castrateur habité par des fantasmes infanticides. Tout est dit. Non merci, Rousseau !

Rousseau est pour l'abstinence ; je suis contre. Il est contre le désir ; je suis pour. Je suis pour le luxe ; il est contre. Il adore la nature ; je m'en méfie. Rousseau fut un rat des champs ; je reste un rat des villes (je préfère le sanglier en civet dans mon assiette, à la bête me chargeant au détour d'un fourré). En vérité, je soupçonne Rousseau d'être un ennemi du rêve.

Mais je ne demande qu'à être détrompé par mes bons amis rousseauistes, comme jadis par mon père.

Mon père était un autodidacte de la vie, qui s'était arrêté au certificat d'étude, mais il avait contracté à l'école républicaine le virus de la lecture et vouait à Rousseau un véritable culte. *L'Émile* était la justification de sa philosophie de vie, basée sur le rigorisme, la tempérance, tournée contre l'ostentation des puissants et le culte de la richesse. Il était un homme simple et Rousseau fut pour lui la justification de l'étroitesse de son existence comme signe de vie juste, la richesse représentant la dissolution des mœurs, l'abus des pouvoirs, le mépris pour autrui. Ma vie d'écolier concentré sur l'étude rendait le plaisir rare et même suspect de diversion. Mon père citait Rousseau comme un barrage contre les excès, les ambitions démesurées. Contraindre sa liberté fut pour lui le plus sûr moyen de jouir du peu que l'on avait. Si Rousseau m'apparaissait comme un peine-à-jouir, mon père le transformait en sage antique, en homme dont la vie même montrait qu'on pouvait se grandir sans vouloir devenir un dominant et encore moins en regardant dans le jardin des riches, toute bienveillance mise à part. Mon père cherchait à combattre en moi le solitaire que j'étais et mes complexes sociaux de Petit Chose face à mes condisciples scolaires mieux dotés que moi. Il y avait de la fierté à être pauvre, et quel meilleur ami peut-on avoir que Rousseau quand on a le sentiment que la porte du vaste monde et du succès vous est fermée et que quelqu'un vous dit, dans une langue sans pareille, que cette recherche de la reconnaissance par les Heureux du monde est funeste au vrai bonheur, qu'herboriser dans la nature vaut tous les plaisirs mondains. L'adulte que je deviendrai rejettera Rousseau et le Petit Chose que je fus le définira comme un ennemi du bonheur, de l'ambition et du rêve. Rousseau désiricide. En le révérant, mon père acceptait l'exiguïté de sa vie, alors qu'il fut un héros à la guerre, un homme de courage dans son astreinte quotidienne de trousseautier dans les banlieues lointaines. Sa modestie fut sa grandeur. Mais le monde est fait aussi de conquêtes.

Il était ma bête noire en terminale mais, comme « Dieu est Dieu, nom de Dieu ! », « Kant est Kant, nom de Kant ! »
À dix-huit ans, la vertu morale n'était pas ma première tasse

de thé. Même si j'eus tôt le souci des autres, j'avais tant à me soucier de moi-même que, ma foi… Reste qu'à chaque étape de ma construction d'adulte, les quelques vagues souvenirs scolaires glanés de Kant refaisaient surface, à commencer par ceux qui touchaient au bonheur et à autrui. Je ne décrirai pas ici les moments où j'ai eu l'opportunité de tendre la main à des gens qui en avaient besoin. Chacun de ceux auxquels j'ai apporté mon modeste secours me l'a rendu au centuple, ne serait-ce qu'en voyant la lumière de leurs yeux.

Cela est gravé dans le marbre de l'histoire en majesté de la philosophie occidentale : Kant qui vécut et pensa au temps des Lumières et de la Révolution française, mettait par-dessus toute la loi morale et la raison. Le reste en découlait ou était subalterne. De fait, à l'endroit du bonheur, cela commence plutôt mal : « Le concept de bonheur est un concept si indéterminé que, malgré le désir qu'a tout homme d'arriver à être heureux, personne ne peut jamais dire en termes précis et cohérents ce que véritablement il désire et veut. La raison en est que tous les éléments qui font partie du concept de bonheur, sont, dans leur ensemble, empiriques […] Il n'y a donc pas à cet égard d'impératif (catégorique) qui commande de faire ce qui rend heureux, parce que le bonheur est un idéal non de la raison mais de l'imagination. » (*Critique de la faculté de juger*)
C'était assez mal parti pour l'idée de bonheur. La recherche du bonheur ne saurait être un devoir, à la différence de l'impératif moral (« Agis uniquement d'après la maxime que tu puisses vouloir en même temps qu'elle devient une loi universelle »). Les attentes des uns et des autres étant contradictoires, et chacun recherchant son propre bonheur, il en résulte des conflits permanents, ce qui, en retour, annihile toute chance de bonheur.

« Il est donc étrange, alors que le désir du bonheur est universel [...], chacun pose ce désir comme principe déterminant de sa volonté, qu'il ait pu venir à l'esprit d'hommes sensés d'en faire pour cela une loi pratique universelle [...] Alors d'ordinaire, une loi universelle de la nature fait que tout concorde, [...] découvrir une loi régissant l'ensemble de nos inclinations tout en satisfaisant à la condition de les accorder complètement entre elles, voilà qui est parfaitement impossible. » (*Fondements de la métaphysique des mœurs*)

Sauf que Kant, et tant mieux pour notre propos, ajoute : « Que sont les fins qui sont en même temps des devoirs ? Ce sont : ma perfection propre et le bonheur d'autrui [...] Quand il est question d'un bonheur auquel ce doit être pour moi un devoir de travailler comme à ma propre fin, il s'agit nécessairement du bonheur d'autres hommes, de la fin desquels je fais par là aussi ma propre fin (*Métaphysique des mœurs*). La suite est encore meilleure : « Comme notre amour de nous-mêmes ne peut être séparé du besoin d'être aimé aussi par d'autres [...], comme nous faisons ainsi de nous-mêmes une fin pour les autres et que cette maxime ne peut jamais obliger autrement que parce qu'elle est qualifiée pour former une loi universelle, il s'ensuit que par le biais de la volonté de faire aussi des autres une fin pour soi-même, le bonheur d'autrui est une fin qui est aussi un devoir. » (*Métaphysique des mœurs*) Ouf ! Merci, Kant !

En outre, dit Kant, le devoir envers soi-même consiste à travailler à sa perfection morale et non à rechercher son propre bonheur, mais – cela tombe à pic et fait d'une pierre deux coups – cette recherche du bonheur contribue à entretenir la moralité et le perfectionnement des hommes. De mieux en mieux !

Toute la question devient alors celle du partage entre travailler à son propre bonheur et travailler au bonheur d'autrui. Comment répartir mes efforts entre ceux qui ont un but égoïste et ceux qui ont un but altruiste ?

Mais, à la fin des fins, Kant redevient le moraliste qu'il n'a cessé d'être. « L'homme pensant [...] doit se trouver obligé de faire son devoir avant même qu'il pense que le bonheur sera la conséquence de l'observation de ce devoir. » (*Métaphysique des mœurs)* Seule la pratique de la vertu fait mériter le bonheur, mais selon les mécanismes de la nature, rien ne garantit qu'elle l'obtienne.

Reste que mon bonheur individuel ne pouvant exister solitairement, impassible et souverain au milieu d'autrui affligé de maux, ajouté à cela mon besoin d'être aimé en réponse à mon amour de moi-même, il s'ensuit nécessairement que l'homme doit, pour son propre bonheur, travailler d'un même mouvement à celui des autres, sauf à se couper du monde et jouir de lui seul dans sa tour d'ivoire. Le bonheur de chacun est et fait l'affaire de tous. Et vice versa.

Troisième ennemi du bonheur, après Pascal et Rousseau, si l'on excepte les Stoïciens, et le plus engagé de tous : Schopenhauer. « L'erreur est infiniment moindre chez celui qui, d'un œil sombre, considère ce monde comme une espèce d'enfer et n'est occupé qu'à s'y procurer un logis à l'abri des flammes. » Notre misanthrope n'y va pas par quatre chemins, ne s'embarrasse pas de prôner une vie et une morale ascétique afin de protéger les hommes contre leurs propres passions et leurs appétits. Le bonheur ne peut en aucun cas être fondé sur le désir, car le désir, forme extrême du vouloir-vivre, soit est insatisfait et c'est la souffrance, soit il est satisfait et c'est l'ennui. En conséquence, il convient, sans cesse renaissant de ses cendres, de le tuer en soi, de tuer le vouloir-vivre, cette puissance aveugle et sans repos qui règle la vie universelle. Non, ne perdons pas de temps ; l'homme est une illusion – les hommes croient vouloir, désirer, aimer ; ils ne sont que les jouets d'eux-mêmes et du vouloir-vivre. La vie, qui oscille entre souffrance et ennui, est une cause perdue, le bonheur n'existe pas. Conclusion : arrêtons carrément de nous reproduire. Pour en finir avec la souffrance, l'homme doit lui-même finir. Fermez le ban ! Schopenhauer ne mérite que l'oubli.

« La beauté ? Quinze jours de gagnés. » Stendhal qui était passablement disgracieux, qui alla, sa vie durant, d'échec en échec auprès des femmes les plus belles d'Italie, de France et de Navarre sans jamais s'en désespérer, qui écrivit les plus belles choses sur elles, est l'homme qui inventa la Chasse au bonheur comme but suprême de la vie, contre l'hypocrisie des hommes et les fausses valeurs de la société bourgeoise de son temps et des temps à venir. La chasse au bonheur : une chasse dont le gibier se dérobe sans cesse. Chasse incessante. Le bonheur est dans la chasse. Pas dans son fuyant produit.

En amour comme dans le reste, il n'est pas nécessaire de réussir pour entreprendre. La lecture de Stendhal est la consolation de tous nos échecs amoureux. Et leurs récompenses…

Stendhal et Gainsbourg sont les deux faces opposées d'une même disgrâce physique. Gainsbourg en a fait une force, avec ses oreilles en feuilles de chou. C'était un chasseur qui, lui, revenait avec ses innombrables trophées. Il fut pour moi le symbole et la preuve que les plus belles femmes, les créatures les plus désirables, peuvent tomber sous le charme des hommes les plus laids.

Stendhal est le symbole de la désespérance, l'échec amoureux serait-il masqué derrière l'art de la chasse et sa part de rêve. L'adolescent à échecs que j'étais y crut. Mais l'adulte que je suis devenu ne se satisfait plus de ce faux-semblant, de cet ersatz de bonheur qu'est la cour amoureuse sans jamais de conclusion. Le bonheur est aussi dans la possession amoureuse, et Stendhal reste à mes yeux un inconsolable vaincu.

Nietzsche, enfin. Nietzsche considère l'idée du bonheur comme une fuite devant le tragique de la réalité. Face à ce tragique du monde, l'homme grégaire, à la morale d'esclave, l'homme du ressentiment, des passions tristes et du renoncement, doit être surmonté, pour s'affirmer volonté de puissance et vouloir de soi, et doit rechercher le surhomme en lui. Cette recherche appelle la joie, la grande joie. La joie des sommets n'a que faire du bonheur.

# Oublier la mort

L'oubli, dont Nietzsche disait qu'il est la condition princeps de l'action sur le monde et du plein exercice de la puissance de soi et de la volonté souveraine, fut d'abord chez moi, l'oubli – serait-ce une gageure impossible – de la mort. Comment oublier la mort, condition première de la quête du bonheur ?

Il y a ce premier témoin passif de la mort silencieusement à l'œuvre dans la vie même : notre vieillissement qui signe la présence de la camarde à l'œuvre silencieusement au cœur des jours de notre vie. Là, rien à faire. À trente-cinq ans, je connus un début de calvitie, suivi de mes premiers cheveux blancs.

Il y a, plus encore, l'avènement direct de la souffrance physique, le dysfonctionnement soudain ou progressif de nos organes. Les seuls remèdes, là, ne peuvent, par définition, être l'oubli ou quelque force morale que ce soit. Le médicament seul agit, la science de la médecine, les remèdes pratiques sont nos seuls recours. Trois semaines après la mort de ma mère, que je chérissais, j'éprouvai soudain une douleur atroce au bras. Je la pris pour un début de mort. Ne pouvant vivre sans elle, j'allai suivre bientôt ma mère, la rejoindre dans la mort. On détecta un simple début d'arthrose, dont je vins à bout par les traitements appropriés. Mais la mort de ma mère s'était glissée en moi, comme si elle annonçait, très à l'avance ou imminente, pouvant surgir à chaque instant, la mienne. Notre mort commence, s'annonce par celle des autres.

Et puis, une toute autre souffrance fut longtemps mon lot, qui n'a, à ce jour, pas été complètement surmontée : un terrible sentiment de médiocrité, une souffrance d'être, dans mon enfance, dont je ne suis pas totalement guéri, et dont je trouvai l'écho, mais pas le remède, à la lecture, à l'adolescence, de l'*Enfance d'un chef* de Sartre. Cette souffrance m'a autant paralysé, inhibé, que fouetté, commandé, obligé à faire mes preuves dans l'existence, professionnelle et personnelle. Ce fut paradoxalement un bon moteur, même s'il connaît parfois encore des ratés douloureux. Car on n'en finit jamais avec sa propre prison. Les barreaux ont été écartés, mais ils sont toujours prêts à se refermer.

Mais la mort, en sa présence intemporelle, ineffaçable, ce furent ces dimanches de la Shoah. Les survivants de ma famille, largement décimée, se réunissaient chez nous, dans notre petit appartement d'Asnières, à l'heure du café. Il y avait avec eux, portés par eux, racontés par eux, les disparus. La notion de la disparition a généré chez moi, par contre coup, le tropisme irrépressible de jouir de l'immédiat. Jouir de la vie tout de suite, sur le champ. Ne pas attendre. Il y avait là Line, ma cousine chrétienne, mariée à Paul, mes parents, Henri et Florette, tous cousins germains, mon oncle et ma tante, Sam Gimpel et sa femme, Robert Kahn et sa femme. On mangeait un kouglof confectionné par ma grand-mère. Ils étaient tous dans une économie de survie, avec pour seule finalité de se reconstruire, de retrouver une parcelle de bonheur. Là, cette parcelle de bonheur c'était de jouir de l'instant, d'être entre eux à manger ce bon kouglof, d'être soudés un après-midi, d'être vivants après avoir survécu et tant risqué, c'était de manger à sa faim une si bonne chose après tant de privations. Cela avait déteint sur moi. Le bonheur, moi enfant, c'était d'être en famille à la maison et de manger de bonnes choses. Au point qu'au moindre rhume, à la moindre rhino-pharyngite, je faisais chauffer en cachette le thermomètre sur le radiateur de ma chambre pour ne pas aller à l'école. Je restais dans le lit de maman, ma grand-mère à mon chevet me racontait des histoires sans fin et ma mère prenait le relais. Je ne sentais plus ma gorge en feu. J'étais Dieu sur la terre.

Mais il y avait l'école. La classe était gouvernée par deux cadors, le premier de la classe et le premier en gymnastique. Je n'avais pas d'aptitude particulière aux études, je me situais dans le marais anonyme des moyens en tout. Quant au physique, à force de manger les bonnes choses des deux femmes de la maison, j'étais devenu très tôt un enfant grassouillet, en proie à l'hostilité de mes condisciples. Une sorte de petit Chose.

J'ai vécu entre deux insupportables. La maison, aussi délicieuse qu'un nid, malgré tout l'amour que l'on me prodiguait et le sentiment de sécurité absolue que j'en retirais, était le lieu du souvenir, elle était hantée par la Shoah. L'extérieur, l'école m'étaient tout aussi insupportables, c'était le lieu de mon infériorité en tout, et des humiliations muettes. Il me fallait choisir entre la névrose familiale et l'hostilité d'un monde à vaincre.

Un jour, Line mourut d'un cancer. Les réunions dominicales cessèrent. Sa mort présente chassa les morts d'hier. Puis mon frère aîné, en pleine guerre d'Algérie, fut incorporé. Nous allions le voir dans ses casernes successives chaque dimanche, à Coulommiers et jusqu'en Alsace. Arriva enfin le moment où j'entrais au lycée. Alors commença mon émancipation, et mes deux insupportables ne manqueraient pas, j'en étais sûr et je le voulais, de s'estomper.

Mais ma précarité juive et le sentiment de ma médiocrité d'antan sont toujours là, cinquante ans plus tard. L'oubli, auquel je me suis tant obligé, n'a pas tout effacé.

Il se trouve que je n'avais pas perdu toutes mes dents de lait, à l'heure de l'enfance. Il y a dix ans, elles finirent par céder. On me fit quatre implants. Mon père, prisonnier de guerre en Allemagne, découvert circoncis, argua d'un phimosis et fit en sus état de convictions communistes qui lui valurent un camp de travail à régime sévère mais lui évitèrent la mort. Atteint du typhus, il avait perdu toutes ses dents, portait un dentier et avait très peu de cheveux. Il avait été vieux d'emblée. Je n'ai jamais vu mon père jeune. Perdre à mon tour mes dents fut comme le rejoindre dans la vieillesse avant l'âge. Je vécus très mal cette réunion dans la perte. Deux mois durant, je guettais sans cesse ce que cela avait changé en moi : rien, évidemment. Je me regardais de l'intérieur.

Je n'ai l'oubli de rien. J'ai la mémoire de tout. Mais plus il a mémoire, plus il y a oubli. On se rappelle du temporel, des événements minuscules ou pas de l'existence, mais on oublie l'intemporel. La Shoah était du domaine de l'intemporel. On oublie la mort. J'ai oublié la mort.

Et puis il y a le courage. J'ai reçu, tout au long de ces dimanches, mon content de courage. Ma mère avait fui le Paris de l'Occupation et de la chasse aux Juifs, et trouvé refuge dans un maquis d'Auvergne, vers Sainte-Avit (sic !), aux côtés de mon cousin, Théo Weill. Au cours d'un affrontement avec les Allemands, blessé à mort, il mourut en criant : « J'ai abattu deux de ces salauds ». Il était mort en héros. On ne cessait, dimanche après dimanche, de raconter la mort glorieuse de Théo Weill. Plus tard, je lisais et relisais *Le jour le plus long* et les exploits des soldats américains sur les plages de Normandie, les planeurs atterrissant de nuit derrière les lignes allemandes. La lecture d'*Exodus* m'enflammait plus encore. C'est ainsi que j'ai dépassé, remisé le Petit Chose en moi. Même s'il est toujours là.

## Les autres, ou la recherche du sein perdu

Le sentiment de médiocrité qui m'affligeait jusque-là, n'était plus, l'adolescence approchante, de n'être pas le premier de classe – ce que je n'avais jamais été – ou le meilleur en gym – je l'étais encore moins, mais de n'être pas le plus beau, le plus intelligent, le plus riche. L'équation avait changé. Un nouvel indice apparaissait au collège, à la télévision : la légèreté, et même la futilité feinte, l'aisance savante de la désinvolture (le mot « cool » n'avait pas encore été inventé). L'indice de futilité se mesurait à la capacité de négliger le reste, excepté les études, pour l'obtention, sans effort apparent, du plaisir sous ses formes les plus simples. Inutile de dire que la futilité n'était pas le fort de la culture familiale. Le culte de la nécessité, de l'effort, du mérite régnait en maître ; le bonheur s'obtenait par l'affection sans limite des miens, non par la recherche des plaisirs « extérieurs ». L'école, la scolarité étaient vues, rue des Bourguignons, comme le parcours en majesté pour sortir la tête de l'eau, creuser sa place dans la compétition pour une vie meilleure. Pas pour acquérir des élégances sociales, faire le beau plus tard et briller en société, jouer un jour aux jeux gratuits de l'allure, des apparences.

Pour l'enfant qui ne voulait pas grandir, surprotégé par les siens et d'autant plus fragile, dispensé de gymnastique et recourant à volonté au radiateur pour faire monter le thermomètre salvateur en vue de passer la journée dans le lit maternel à se laisser dorloter, le cours des choses, à la rentrée en sixième, soudain se compliqua.

Finie ma maîtresse aimée, amie des parents, me tutoyant, me rudoyant, me chouchoutant comme si j'étais son propre enfant ou presque. Là, des professeurs, pour chaque matière, indifférents à moi. Et, plus encore, la mixité ; des filles ! Des fleurs d'enfants toutes plus jolies les unes que les autres. Aux premiers instants de panique, succédèrent sans transition les premiers rêves amoureux. Rêver enfin la vie hors ma famille, en vue, plus tard, quand je serai grand, de la vivre avec toutes ces jeunes filles-là sous mes yeux quand elles auraient grandi elles-mêmes, et qui, déjà, occupaient ma tête ; se raconter des histoires avec elles pour l'avenir.
Mais rêver les filles n'était pas les connaître, les approcher, les posséder par le cœur en vrai. Peu à peu, je construisis en rêve un personnage futur pour elles, pour les autres et pour moi-même. Un type imaginaire, un type vraiment formidable. Faute d'être beau garçon, je serai le plus attachant, le plus sensible de tous, je cultiverai le goût de la fragilité, j'écrirai des poèmes, je séduirai les jeunes filles en fleur à l'émotion.
L'idée-clé me vint en classe de troisième. Organiser une fête pour ceux de la classe, à la fin du trimestre ! Je serai le « troisième homme », après le meilleur de la classe et le premier en gym. Je serai le garçon le plus drôle, le plus touchant, le préposé aux plaisirs et la fête, l'ordonnateur de nos premières élégances. À moi l'égalité avec mes deux dominateurs ! À nous deux, la chasse au bonheur !

Ces séances récréatives demandaient un mois plein de préparation, aux fins de quoi je réunis une cour de petites mains autour de moi. Uniquement des filles, cela va sans dire. On me jalousa, mais cela marcha au-delà de toute attente. Dégradant de leur piédestal le premier de la classe et le fort en gym, je devins peu à peu le pivot de ma troisième puis, de trimestre en trimestre, du collège tout entier, entouré d'un halo de poète en herbe, artisan de la vraie vie à venir, acquérant un statut quasi-littéraire d'amuseur fragile mais déterminé. Au point que ma réputation, croissant de fête en fête, ferait de moi, l'onde de mai 1968 atteignant le collège, un des leaders du mouvement lycéen à Asnières, un tribun chargé d'éloquence, mandaté par la *vox populi* adolescente pour fourbir ses demandes, exprimer *urbi et orbi* sa révolte et ses rêves.

Cette trilogie « structurelle » du troisième homme piaffant au seuil d'un duo tenu pour supérieur, a perduré toute ma vie. Au départ, je suis toujours en société le troisième, voire le quatrième homme, après le riche, le beau, l'intelligent. Qui entreprend par son agitation de les rejoindre et de les égaler à la force du poignet. J'ai très vite dû admettre qu'on ne se refait pas, que les bribes d'enfance me colleraient à jamais à la peau. L'affaire est entendue : je reste un grand enfant, de près de soixante ans.
Ma « méthode » ? J'expose mes fragilités sans fard, j'ouvre ma boîte à pilules devant tout le monde, je repousse ostensiblement le verre de vin, je décline à regret le plat de fraises sucrées. Chose faite, et plaintes des amis engrangées, je me précipite au bar de *l'Apicius* boire un double bourbon accompagné d'un foie gras du Périgord et de toasts. Loin des yeux ; près du ventre : telle est ma devise, couverte par le secret existentiel.

Alors les Autres avec un grand A ? Dont, longtemps, l'aplomb, l'aisance dans la vie, m'ont tant et tant inhibé.
Le monde n'assure pas le bonheur aux inertes. Excepté les vôtres par le sang et leur amour premier, rien n'est gratifié, rien n'est apporté en don à personne par personne. Tout se prend, se conquiert. « Je prends, donc je suis ». La lutte des classes, non moins que la lutte entre les egos relève d'une seule et même donnée universelle. Tout l'art, alors, est de prendre, mais avec conscience, en prédateur honnête, si l'on me passe cet oxymore. Les salauds prennent de plein droit, dans une totale insouciance précisément du droit des autres. Nous-mêmes ne sommes pas des

saints, la tentation du salaud existe en chacun, serait-elle soigneusement refoulée, voire sublimée en son contraire.
On a tenté dans mes divers métiers, à maintes reprises, de m'acheter. C'était évidemment tentant. J'ai toujours refusé. Les fournisseurs asiatiques, en particulier, n'hésitent pas à vous proposer de forts pots-de-vin, pour peu que vous acceptiez leurs prix subrepticement gonflés. Je me reconnais une certaine délectation à ce que l'on me propose ces marchés complaisants, et une plus grande encore à refuser. Je ne suis pas un père la pudeur, à qui nul n'oserait aventurer quelques avantages discrets, mais il serait inacceptable d'y consentir, et je m'offre le plaisir de décliner, tout en étant secrètement reconnaissant qu'on me l'ait suggéré. Rêver au péché ; ne jamais y céder. La rectitude morale est un métier de funambule, en permanence sur la corde raide. De même que la prostitution n'existe que parce qu'il y a preneur, de même la corruption. Éradication de la prostitution ? Éradication du client…

Dans un registre plus civil, enseignant à H.E.C., je concoctais mes cours et jouais un personnage à dessein, hype, hyper sympa, en vue de remporter la meilleure annotation des élèves juges de leurs professeurs. Cette aptitude ou ce péché mignon, après tout, me disais-je, est le cœur du commerce. La séduction ne comptet-elle pas plus que le produit ? Le contenant, plus que le contenu ? C'est beaucoup moins vrai en joaillerie, mon présent métier. Là, tout commence et finit avec la création. Ce n'est pas parce que vous serez le meilleur vendeur de la place, assoiffé de succès et de gains, que vous l'emporterez. Je dois plaire, mais plus encore convaincre.

Le premier Autre, le Grand Autre, ce fut ma Mère. (Nous sommes quelques milliards d'humains dans ce cas).
Ma mère m'a donné le sein en don d'amour, de fusion et de vie. Un jour, ce fut fini. Le sevrage est la privation fondamentale de

l'existence. Il signe le début de l'agitation pour retrouver le paradis perdu. Sous forme, forcément, de substituts. Je suis parti très tôt en quête du sein perdu, ne l'ai jamais complètement retrouvé ailleurs, le recherche encore et toujours.
Outre que je suis passé, devenu père, du côté de l'ennemi. Ce père qui vous arrache au sein aimé, assurerait-il, en regard, la sécurité matérielle, constituerait-il un modèle tout trouvé de conquête des mondes extérieurs.
Le bras du père ; la voix du père. Mais le sein mythique de la mère !

Cet arrachement est à la source de l'âpreté humaine. Plus grand le traumatisme, plus féroce sera le loup vengeur au fond de soi. La frustration du sein maternel fut, grâce au Ciel, relayée par un amour maternel et grand-maternel sans limite. Du coup, l'agitation compensatoire laissera, chez moi, longtemps à désirer…
Proust a été un rêveur inconsolable de sa mère absolue. Tout rêveur de mère que je reste, aussi nostalgique que je sois du cocon d'amour qui entoura mon enfance, j'ai fini par « m'y mettre » et m'agiter à mon tour, de corps et d'esprit. D'esprit : à la recherche de Dieu (« Je crois, donc je suis »). De corps (« J'agis, donc je suis »), et d'âme (« J'aime, donc je suis »).

Mais je n'ai pas fait payer aux Autres, qui n'y étaient pour rien, qu'un jour fatal au temps jadis, ma mère cessa de me donner le sein. C'était il y a soixante ans, et c'est toujours hier.

## Le sexe n'est pas l'affaire

On connaît, vieille comme le monde, la tripartition, combien sexiste, de la Femme en mère, courtisane ou nonne.
Ma trilogie personnelle est tout autre : la mère, l'initiatrice, l'inspiratrice. Ce triptyque en trois étapes s'est constitué à l'adolescence. Sur le premier panneau de ce triptyque sont gravés les visages de ma mère et de ma grand-mère, d'abord, puis de mes institutrices. Madame Dautel, mon institutrice en CM1, avait un profil gaullien ; elle traitait nos fautes à coups de règle sur les doigts. Elle m'a appris l'autorité, la sévérité. Madame Vecchili fut ma première professeur d'anglais, elle me donna l'illusion d'être doué pour les langues. Les femmes institutrices trouvèrent leur apogée avec Madame Saget, mon professeur de Mathématiques en terminale, sans qui je ne serais pas allé au bout de mon Bac C, alors que j'étais bien davantage un littéraire. Même chose pour mes deux professeurs de physique-chimie, dont j'étais amoureux, ce qui acheva de faire de moi un bon élève. Le sexe n'était évidemment pas l'affaire, mais le fantasme.
Enfin ce fut l'âge des petites copines, mes premières initiatrices.
Sur le troisième panneau, figurent les femmes d'amour, les vraies inspiratrices.
Je me sens beaucoup plus près, je suis beaucoup plus à l'aise avec les femmes qu'avec les hommes. Et je me sens un tempérament féminin. Pour autant, mon commerce avec elles n'aura pas été ma condition du bonheur. Elles sont, en revanche, l'oxygène de mon existence. Il serait mal venu de les passer en revue. Toutes

ces accompagnatrices, le long du chemin, et toutes à des titres différents, forment un ensemble dans ma mémoire, constituent un vaste fond commun, et le bonheur de vivre dans ce formidable gynécée, dans ce concert des femmes, est la résultante de leurs présences multiples. Même s'il y a, par définition, des femmes plus centrales que d'autres dans mon existence.

Je n'ai jamais connu de coup de foudre. J'ai toujours été hanté, à chaque rencontre, avant même que la relation ne s'ébauche vraiment, par la peur de l'abandon. Une peur jamais surmontée, venue du sevrage de ma prime enfance, quand bien même l'amour maternel prit la relève à la seconde. Cette hantise première de l'abandon aura fait que je ne me suis jamais livré à fond, que je ne me suis jamais mis dans une situation d'addiction, l'autre nom de l'amour fou, de sorte que, la rupture ou l'absence, si elles advenaient un jour, ne soient pas insupportables.

Je suis le fils de plusieurs femmes, ma mère, ma grand-mère, mes institutrices. J'ai toujours eu le fantasme d'être, par extension, le fils de toutes les femmes, et je n'ai jamais été, du coup, leur seigneur. De même qu'il y a les femmes-enfants, il y a les hommes-enfants. J'en suis un.

Mon premier amour d'adolescent m'aura guéri des vertiges de la passion. Mais elle reste, quarante ans plus tard, la femme que j'ai le plus aimée, sans jamais avoir été son amant. C'était au lycée, elle était belle, elle se confiait à moi sans limite parce que j'étais gauche, timide, que je n'osais la courtiser sinon dans le secret de mon cœur, à la différence des petits mecs de la classe qui la draguaient ouvertement. Elle me prenait pour confident, me racontait ses amours difficiles, douloureux, avec un fiancé lointain, dont elle était éperdument éprise et qui ne lui rendait pas la pareille. Elle me fendait le cœur. Je haïssais cet homme. Et je compatissais avec une sincérité hypocrite à son infortune, tout en la maudissant. Si j'ai la nostalgie de ce rêve passé, je n'ai pas de regret rétrospectif. Elle eut été exigeante (voir plus haut).

J'ai voulu briller pour mes parents, réussir dans la vie pour les rassurer et les remercier de tout ce qu'ils avaient fait pour moi. Je n'ai pas voulu briller aux yeux des femmes. Je ne me suis jamais « démené » pour les séduire, par le pouvoir ou par l'argent. Le monde des femmes constitue un univers nourricier avec lequel j'entretiens un dialogue très réglé, égalitaire, un peu à la Rohmer. Les femmes ont été ma nourriture du cœur et de l'esprit. Mais mon vrai challenge aura été les hommes. Elles furent ma base arrière pour monter au front, affronter la compétition avec mes semblables masculins.

Les hommes. La source de bonheur avec eux s'appelle la fraternité. Au-delà de la compétition, de la course au pouvoir, à l'argent, aux trophées, on peut avec ses quelques frères d'armes, la journée terminée, partager nos secrets, ce que nous comprenons de nous-mêmes et ce que nous ne comprenons pas. Je ne le fais jamais avec des femmes. Je ne partage pas l'intime, je n'explore pas l'au-delà des choses conscientes, je ne dévoile pas mon intériorité, je ne leur expose pas mes doutes. À leur connaissance de moi, que je pourrais apprendre d'elles, je préfère leur confiance. À l'inverse, je n'ai pas de pudeur avec mes amis hommes, leur avoue sans fard mes faiblesses. Ils n'ont jamais été cause de frustration – pas plus que les femmes, d'ailleurs – , la frustration venant d'abord de moi, de mes inhibitions. Les hommes ont été des miroirs de moi-même, non des adversaires. Découvrir leur ressort fut une manière de me découvrir moi-même à travers eux. Ils m'ont fourni des réponses à mes propres questions. C'est ce que j'appelle la fraternité.

Je me suis trompé sur mon compte et sur ces deux personnes-là. À mes débuts dans l'arène sociale, l'époux de Marie-Pierre, Jean-Pierre, un des fondateurs de gauche d'*Entreprise et Progrès*, représentait à mes jeunes yeux les canons de l'élégance intellectuelle. C'est moi qui lui présentai Marie-Pierre. Je le créditais d'une dimension dont je me sentais privé, lui prêtais des qualités humaines qui m'étaient hélas refusées. Il avait trente-quatre ans, j'en avais vingt-trois, il n'avait pas de voiture, ne prenait que des taxis. J'étais alors « sartrien », en pleine enfance d'un chef, je me cherchais. La vérité sur soi nous vient souvent à l'improviste, de ceux qui nous ont connus dans notre jeunesse, que l'on a perdue de vue et que l'on revoit au détour d'un restaurant, d'un hall d'aéroport, trente ans plus tard. On se tombe dans les bras, on dîne ensemble quelques jours plus tard, la conversation commence, on s'informe de nos vies, de nos métiers, de nos enfants. Puis fatalement, le passé en commun revient. Et là, ce fut : « Tu ne t'intéressais pas à nous, tu ne nous « calculais » pas. On pensait que ton univers était ailleurs. »
Le malentendu aura été total. Étais-je à ce point, aux yeux des autres, moi qui les admirais tant, prisonnier de mes peurs, de mes préjugés ?

De fait, j'ai toujours craint de ne pas être à la hauteur, au point de prendre en charge, à mes débuts et même plus tard, des situations « pourries », de rentrer dans des affaires qui se portaient fort mal. Devenu assistant à HEC en 1976, j'étais, n'étant ni de Polytechnique ni de Centrale, le seul enseignant à ne pas faire partie du sérail. J'avais quelques années plus tôt présenté HEC et l'ESSEC, j'avais échoué après avoir redoublé et avais pris très mal ces échecs. D'où, par défaut, ma philosophie de la seconde chance, à l'inverse de Scott Fitzgerald : commencer par un échec, pour mieux le réparer, se surmonter ; désirer sa traversée du désert, pour s'obliger à un retour au monde triomphateur ; gagner le match, après la première défaite. Sauf qu'on ne comble jamais vraiment le déficit et le manque de confiance de départ, et que du coup, matchs gagnés, on risque, un jour futur, le match de trop. Le bonheur est souvent un bonheur par défaut, un combat contre soi-même. Et pour peu que le complexe d'échec vous rattrape à terme, ce sera, l'heure du match de trop et le vieux malheur sera revenu. Je suis condamné aux matchs. Pourquoi encore un match, pourquoi toujours un match ? Dès que gagné, j'en veux tenter un suivant. Pourquoi ? Gagner l'éternité ? Devenir un autre ?

J'aurais follement aimé être major d'une grande école, diriger une entreprise publique, être un homme politique formé à l'ethnologie humaine, avoir l'œil d'un être de grand savoir. Mon handicap dans la vie est, j'imagine, d'avoir idolâtré mes parents et d'avoir été idolâtré par eux. Il n'y a pas, il ne pouvait y avoir de gens plus formidables. Je n'ai jamais eu d'autres modèles qu'eux. Ils étaient l'esprit de justice, la probité, le courage, la générosité. L'enfance aura été mon paradis perdu, je n'ai jamais retrouvé pareil bonheur. J'avais le sentiment d'avoir tout, qu'on m'apportait tout. Mais, loin paradoxalement d'en tirer un sentiment d'absolue supériorité, de me prendre, sous la louange et les regards d'amour incessants, pour un jeune dieu promis d'emblée aux plus hautes destinées, ce trop d'amour fut un facteur de fragilité et non d'assurance.
Ce sentiment d'assurance, de charisme minimal, je l'ai eu avec retard, à la force du poignet, à HEC, avec mes élèves, en occupant la position du maître, pour avoir été plébiscité par eux comme prof et en avoir tiré un sentiment enfin de légitimité.
L'amour ne suffit pas. La sanction sociale, dans mon cas par le savoir et l'enseignement, oui. Pas tout à fait, cependant…

De même, le corps, glorieux ou pas, n'est pas une arme. Le corps n'est pas un élément décisif du bonheur d'être soi (tant mieux, en ce qui me concerne…).

L'élégance oui, la grâce oui. Mais cela est une tout autre affaire. Il y a, bien sûr, Marilyn ou Mike Brant, ces êtres à la beauté solaire qui finirent fracassés par la vie. Plus près de moi, il y eut E. J'avais dix-neuf ans, elle devait en avoir vingt. E. avait de longs cheveux roux qui tombaient en cascade à la naissance des reins. Elle possédait d'insondables yeux bleus, arborait une bouche d'où sortait une voix qui transformait à mes oreilles ses mots en rhapsodie. Presqu'aussi grande que moi, elle avait, faut-il le dire, les plus belles formes de l'amour.

Je la découvris un jour dans l'escalier de mon immeuble de la rue des Bourguignons, qui ouvrait la porte du deuxième étage. Abasourdi devant cette apparition céleste, j'eus, je ne sais comment, l'audace de l'aborder : « La semaine dernière, il y avait encore là un cabinet de kinésithérapeute. » « Et bien maintenant, c'est moi ! », rétorqua-t-elle. Désarçonné mais sous le coup de ma gaucherie maladive qui me faisait parfois me jeter à l'eau malgré moi, j'avançais un timide : « On pourrait boire un coca ensemble… » dont l'audace me surprit le premier. « Ah non ! Ce n'est plus de mon âge. J'en suis au vin blanc. »

Vu que je n'avais toujours pas la liberté de sortir sauf le dimanche après-midi, je hasardais : « Et si on allait dimanche après-midi au cinéma sur les Champs-Élysées et boire un verre ensuite au Berkeley ? » Elle rit aux éclats : « Tu vas souvent au Berkeley ? » Moi, un pied sur une marche, penaud : « Ben non. Ce sera la première fois. » Elle rit de plus belle : « Un autre m'aurait dit ça, je l'aurais traité de menteur. Mais toi, je te crois. »

Cet après-midi dominical au Berkeley, débuta une relation en pointillé avec ma belle voisine du deuxième étage. Elle collectionnait les petits amis, et flirtait gentiment avec moi chaque dimanche. Cela dura d'octobre à mai, jusqu'à mes concours. C'était une relation impossible, sulfureuse, un peu malsaine. J'appris, de nouveau à mon corps défendant, le partage amoureux avec d'autres. On pensera que j'avais droit à la portion congrue.

Je pense aujourd'hui que j'eus la part du Roi. Elle incarna ces six mois le rêve dont j'avais besoin pour tenir le choc en vue de mes concours. Étudiante en Lettres, brillante autant que belle, disposant par ses parents d'une aisance financière qui me laissait sur le carreau, elle semblait avoir tout. J'avais découvert qu'en sus du vin blanc dominical, elle consommait de toutes autres substances. Je la perdis de vue à l'orée des concours puis des vacances d'été. Au retour en septembre, montant quatre à quatre l'escalier, une pancarte était placardée sur la porte de son appartement : « A louer aux habitants de l'immeuble. » Trois mois plus tard, redoublant ma Prépa, je reçus une lettre, moi qui n'en recevais jamais, à l'adresse manuscrite et sans mention de l'envoyeur.
J'ouvris l'enveloppe, le cœur battant. Je lus. « Toi qui m'as connu libre et belle, souriante, j'ai le souvenir de tes yeux qui m'embrassaient. J'ai sombré. Mes parents m'ont expédié en cure de désintoxication. Oublie-moi. Mais n'oublie pas ma beauté perdue. E. »
Et il n'y avait pas d'adresse au dos.

## No se puede vivir sin amor

La plupart d'entre nous faisons de l'amour la clé en majesté du bonheur et la grande affaire de la vie.
« No se puede vivir sin amor », répète comme un mantra tout au long du chemin de croix qui le conduit inexorablement à la mort le consul d'Angleterre à Cuernavaca, Geoffrey Firmin, le héros tragique perclus de tequila et de mescal d'*Au-dessous du volcan*, le chef-d'œuvre de Malcolm Lowry, chant d'amour désespéré d'un homme qui a perdu la foi en lui-même quand sa femme, un an plus tôt, l'a trompé avec un proche puis quitté, et va au-devant de sa fin le jour où elle revient au Mexique pour tenter de le sauver.

Faut-il vivre pour aimer ? Faut-il aimer pour vivre vraiment ? Peut-on vivre sans amour ?
La question agite l'humanité depuis les temps les plus anciens. Platon disait que l'amour est cette recherche d'un retour à l'unité originelle, le désir inextinguible d'effacer la chute des âmes dans les corps et de gommer la division de l'être en homme et en femme à jamais séparés. Michel-Ange, à sa suite, dira : « Dieu a commis une seule mauvaise action : avoir partagé l'homme en deux. »
Sans vouloir trancher la question, la division de l'humanité en deux sexes aussi différents que complémentaires n'aura du tout été pour me déplaire, au contraire. Dieu a bien fait. L'hermaphrodisme n'aurait pas été ma tasse de thé.

Pour ma part, je divise l'amour en quatre archétypes dans la chaîne du temps.

L'amour nourricier, à la naissance et dans l'enfance ; l'amour-découverte de l'autre à l'adolescence (avec ses rééditions plus tard) ; l'amour identitaire dans l'union instituée avec l'autre moitié de soi ; l'amour-filiation pour nos enfants.

Une vie amoureuse réussie est supposée être la succession harmonieuse de ces quatre états et, une fois la rencontre élective avec l'Autre advenue, opérer leur fusion plus ou moins naturelle tous ensemble.

Le premier sceau de l'amour sur notre front, qui va éclairer tout le reste de sa lumière originelle, est cet amour reçu à la naissance, amour nourricier qui nous constitue et nous structure, nous donne l'amour de nous-mêmes. Nous sommes aimés de nos géniteurs, du simple fait d'être venu au monde ; donc nous sommes des êtres éminemment aimables. Aptes, dignes, voués et désignés à être aimés, par d'autres et par nous-mêmes.

Fort de cet amour de soi pour soi, si structurant et assuré par d'autres en amont de soi, l'amour découvert, à l'adolescence, n'est plus un reçu, un dû, mais un duo, plus un acquis mais une quête, il passe par l'extériorisation du Moi et sa mise à l'épreuve. Il se trouve autant qu'il se perd, se gagne et se mérite autant qu'il exalte, gratifie ou condamne, est potentiellement éphémère, soumis au temps et ses intermittences, aux aléas du cœur et des corps, au sexe, à ses plaisirs et ses manques.

L'amour identitaire, cette élection réciproque et, en principe, exclusive, passe pour la grande aventure de l'existence, un pari sur le temps. En tant qu'institution contractuelle au regard de soi-même et de la société, ce rapport social autant qu'individuel consacre l'équilibre, le partage et la réunion de deux moitiés complémentaires. Qu'il vienne à se dissoudre, que l'équilibre se rompe, l'échec remet en question le cours de l'existence, le corrompt ou le libère.

L'amour filiation pour nos enfants est celui qui, seul, dépasse et s'affranchit du temps, et nous donne le sentiment de notre éternité.

L'agrégation de ces quatre moments dans la chaîne générale de l'amour est de notre libre ressort. Sagesse de l'amour, a dit un auteur contemporain. Folie de l'amour, ont dit tant d'autres avant lui. Je dirai, pour ma part, sagesse et folie à la fois. Mais à la fin, c'est tout de même, plus souvent, la sagesse qui gagne.

Ces quatre « stations » chronologiques de la constitution amoureuse trouvent à se fonder, se mêler, se confronter, à l'aube, pour beaucoup, de la vie adulte, puis, de plus en plus aujourd'hui, une nouvelle fois, des années plus tard, à la suite d'une séparation, d'un divorce, lors d'un recommencement amoureux, conjugal ou pas.

Écartons les mariages d'intérêt, de convenance, les unions arrangées, courants autrefois, purs archaïsmes aujourd'hui. Tout part de la fameuse cristallisation baptisée ainsi par Stendhal, qu'elle prenne la forme d'un choc amoureux, d'une idylle en extension ou d'un long cheminement. Qu'elle soit première, sans précédent, ou qu'elle soit la redécouverte d'un état déjà éprouvé dans le passé, l'exaltation amoureuse s'énonce et se veut seule maîtresse de l'empire que l'autre exerce sur nous. La cristallisation veut ignorer que nous sommes peut-être régis aussi par d'autres constituants que le pur amour, poussés vers l'autre par la nostalgie, là, de cet amour premier de nos géniteurs, ici par la quête d'un miroir identitaire, etc.

En un mot, ces quatre ingrédients de l'état amoureux qui, idéalement, par leur emboîtement, leur précipité dûment réglé, seraient la garantie la plus haute du bonheur par les voies de l'amour et sa souveraineté sur nos vies illuminées, ces quatre ingrédients

souvent se chevauchent, se concurrencent, voire s'excluent ou ne sont pas tous quatre au rendez-vous. Tel manque à l'appel – l'amour premier des parents a fait défaut – tel autre n'est pas ou trop de mise (réglage des sexualités « Donne-moi du sexe, je te donnerai de l'amour ; dit l'un ; donne-moi de l'amour, je te donnerai du sexe, dit l'autre »), tel n'est pas désiré (« Pas d'enfants ; no kids ! ») ou, au contraire, l'emporte sans partage (« C'est fou ce que tu me rappelles ma mère. »). L'arc-en-ciel des combinaisons est infini. Virginité ou pas des corps et des âmes ; passion-fusion ou rester libre ; désir ou non d'une descendance ; recherche ou fuite de l'amour premier ; idéal du moi ou savoir de soi, etc.
À vouloir vivre sous le sceau de ces quatre états réunis en un seul, la quadrature du cercle n'est pas loin. Sans compter que l'amour, souvent, est son pire ennemi. L'amour fou mène à la ruine. L'histoire tragique d'Ariane et de Solal dans *Belle du Seigneur* d'Albert Cohen et leur dévotion suicidaire l'un à l'autre n'ont pas fini de se répéter. L'amour n'est pas la solution au mal de vivre. La tempérance dans l'amour n'est-elle pas le meilleur remède aux attentes iréniques qu'il ne peut satisfaire ? Moins aimer pour mieux aimer ?

Mais, contre vents et marées, manquerait-il à l'équation du bonheur par l'amour tel allié, tel pilier, telle projection, notre propre vécu nous aurait-il enseigné que le bonheur est une illusion, un mirage, la jalousie, le mal-aimé, l'usure du temps auraient-ils atrophié nos cœurs, rares sont ceux, quel que soit l'âge, qui désespèrent de sa possibilité et de sa perfection idéale, serait-ce pour s'en moquer, jouer aux esprits forts, tourner la chose en dérision. L'amour est cette ultime croyance, dans un siècle désenchanté, qui s'oppose à notre savoir intime que le monde ni nous-mêmes ne sommes changeables ni perfectibles, que les dés sont depuis longtemps jetés, que notre condition est limitée, qu'il n'y a pas d'absolu. Non, le bonheur par l'amour reste ce rêve inextinguible que les plus endurcis peinent à éteindre en eux, qu'il y a un paradis privé sur terre, un au-delà de soi, une arme pour arrêter le temps, un passeport pour l'immortalité. Céline disait, avec toute la puissance de son cynisme railleur : « L'amour ? C'est l'infini à la portée des caniches. » Peut-être, mais on n'a pas fait mieux, pour la transcendance vécue des individus eux-mêmes. Et surtout, à rebours du poème d'Aragon, il y a même des amours heureux, j'en ai rencontré.

La société contemporaine, telle qu'elle a vertigineusement changé depuis la guerre, et plus encore depuis mai 1968, a périmé toutes les règles traditionnelles, et souvent jusqu'à l'idée même de règle, au profit de l'idée de liberté tout azimut, dans tous les compartiments de l'existence. Plus de virginité des corps et des âmes, plus d'aventure pour la vie, le mariage à l'essai, voire à la carte, la monogamie en recul, la sexualité au pinacle, le désir premier, la contraception généralisée : la liberté infinie commande tout, l'amour compris. Le sexe est libre ; le cœur aussi, paierait-il au prix fort les éventuels avatars de sa consœur et ses intermittences, ses à-côtés vagabonds, son nomadisme. S'aimer est devenu, pour une grande part, aimer faire l'amour avec l'autre. L'espérance de vie de l'amour est liée à la durée du désir.

L'expérience de la liberté, désormais, précède tout. L'union identitaire, la conjugalité, qui était l'expérience amoureuse fondatrice, n'en est plus une, en tous cas de bien moindre nouveauté et moindre intensité, quand elle n'est pas devenue une sorte d'union libre, une régularisation banalisée, voire quand elle n'apparaît pas carrément superfétatoire.

Ce qui a pour conséquence que le premier rendez-vous dans la vie où les quatre éléments principiels de l'amour se rencontraient et tentaient de se conjuguer, est généralement reporté… au second, une ou deux décennies plus tard, entre adultes dans la force de l'âge et forts d'une expérience passée – puisqu'expérience est désormais le mot – plus ou moins éphémère, et qui n'a plus grand-chose, non plus, à voir, avec l'expérience spirituelle qu'était aussi l'amour, mais, bien davantage désormais, avec une expérience pratique. Le romantisme a fait place au réalisme, la flamme sans retour au libre accord des deux partis.

Le bonheur amoureux, le bonheur par l'amour, est devenu un objet flottant, subjectif, bricolable, ajustable, négociable à merci. On peut le déplorer autant que s'en réjouir. Ce qui a été gagné en liberté a été perdu en mystère, en intensité. Plus que jamais, la force amoureuse, aujourd'hui, est enfant de Bohème. L'amour n'est plus une fin, un destin, seraient-ils théoriques. Il est un état en situation, soumis à variation, à la météorologie des affects. Il est un air du temps.

## Le bonheur d'être vu avec de très jolies femmes

Simple effet du hasard ? Ce furent, ce sont, cinq femmes dont les prénoms se terminent en A, Elsa, G.a, M.a, C.a, Y.a. A comme attirance, comme affolement des sens, comme apaisement du cœur, comme aboutissement, comme avenir de l'homme. A comme Alain, peut-être... Et ma mère, Yvonne, avait comme second prénom Rebecca.

Créateur de pièces de joaillerie pour un vaste public de femmes libres, autonomes et non plus, comme Mauboussin jadis, de pièces uniques pour quelques privilégiées fortunées (via leurs maris, ou leurs amants), je procède toujours sur le vivant, sur un modèle en chair et en os, sur un visage et un corps de femme, qui seront, dans ma tête, à l'origine du type de pièce, de son dessin, de sa symbolique et des pierres qui la pareront.
Ces femmes qui sont mes inspiratrices, mes muses muettes, loin d'être de simples statues vivantes, des mannequins, sortes de rêves de pierre à la mode baudelairienne, ont été, chacune, l'objet des divers fantasmes venus de mon adolescence, de mes audaces, de mes complexes comme de mes refoulements.

Elsa représente le fantasme de l'homme empêché. Femme écran, actrice reconnue, icône joueuse, spirituelle, je partage avec elle une part d'histoire commune, une même origine.
Elle a joué au théâtre le rôle de Hannah Arendt, brillante intellectuelle juive allemande, auteur des *Origines du Totalitarisme* et du fameux *Eichmann à Jérusalem* qui fit scandale avec sa thèse de la

banalité du mal ; elle fut l'élève et la maîtresse dans sa jeunesse du philosophe Heidegger, recteur de l'université de Heidelberg, qui accueillit en 1933 le nazisme avec transport…

Je serai heureux au plus haut point d'être vu avec Elsa, cette femme trop belle et trop célèbre pour moi, qui me rehausse à mes propres yeux et aux yeux des autres, mais qui, au même instant, me renvoie à mon anonymat.

Nous arrivons fièrement ensemble, bras dessus bras dessous, au gala du Sidaction au Pré-Catelan, organisé par Pierre Bergé. « Elsa, Elsa ! » Tous les flashs sont pour elle, je n'existe pas. La lumière d'Elsa m'éclaire, m'éblouit, et me rejette aussitôt dans l'ombre. Pour un peu, si, dépassant ce sentiment d'être insignifiant que me renvoyaient sans ménagement, ce soir-là, les photographes, je m'étais autorisé à tomber amoureux d'Elsa, j'aurais peut-être, à mon tour, après tant d'autres, occupé ce rôle autodestructeur, propre à tant d'hommes fascinés devant la beauté souveraine d'un être fatal, que décrivaient *La femme et le pantin*, ce roman de Pierre Louÿs de la fin du XIXe siècle. Le thème a été immortalisé par *L'Ange bleu*, un film de Joseph von Sternberg en 1930, avec Marlène Dietrich dans le rôle d'une danseuse de cabaret qui ensorcèle le vieux professeur Unrath. Reste que j'ai créé aux doigts d'Elsa une bague baptisée « Vraiment toi », au plateau ovale – l'ellipse est le signe de l'éternité – qui, déclinée sur des pierres de toutes couleurs, sera un succès, avec sa parure d'ensemble, collier et boucles d'oreille assortis.

Ce précédent va me conduire, dans le choix de G.a qui succède à Elsa, à vouloir inverser le rapport de l'homme subjugué et de la créature sur un piédestal. Je serai, me dis-je, son Pygmalion.

G.a a vingt ans, c'est une jeune comédienne encore inconnue, que je remarque lors d'une audition dans un cours de théâtre. Extrêmement photogénique, je l'engage comme modèle. Sauf que je me retrouve devant elle, comme créateur, en panne

d'inspiration. Très belle, naturellement déliée, éternellement souriante et joyeuse, je ne me sens à l'aise ni avec son âge, sa taille ou sa beauté. Nous ferons une campagne de publicité très réussie mais froide. Elle m'accompagne dans les soirées, mais, à aucun moment, je ne réussirai à établir cette liaison en esprit, ce fluide mystérieux, entre elle et moi, ni à la voir comme une matière vivante que je pourrais modeler, tourner à ma façon avec son consentement. Notre exposition en public, qui me vaut des commentaires flatteurs, ne rebondit pas sur mon imaginaire et la créativité, grande ou petite, qu'il induit. G.a ne sera pas ma « créature ». Nul bijou ne sera conçu à partir d'elle, sur elle, pour elle.
Mystère des rendez-vous trop prometteurs et non moins manqués. Le Petit Chose que je n'ai pas tout à fait aboli en moi en conclut que G.a, la première, ne voulait pas d'un Pygmalion et que j'avais repris tout bonnement cela à mon compte et l'avais fait mien.

Suivra une égérie de transition, si j'ose ce terme.

M.a est une personnalité douce, infiniment séduisante, très belle blonde dotée d'une histoire personnelle qui m'émeut. Elle élève seule un enfant de deux ans, après avoir fui un mari richissime autant que tyrannique. C'est une Mère Courage, à la façon de Brecht. Je ne vais trouver rien d'autre en elle que la visualisation, la mise en images de mes collections de joaillerie. Ce sera l'esthétique pour l'esthétique. Trop lointaine créature, elle évoque à mes yeux non pas une vie conjugale qui n'est pas la mienne, mais la femme qui vient de refuser l'esclavage par l'argent. Cette histoire là, dont je suis le spectateur, m'émeut et me pousse à endosser un rôle de sauveur, alors que j'avais choisi M.a en tant que pur trophée. Mais, nonobstant son histoire personnelle, elle reste l'incarnation de ces Belles-de-nuit trop belles pour moi. Elle mettra mes collections en image, mais n'en sera pas la source émotionnelle. Ni muse ni modèle, elle demeurera le mannequin qu'elle est.

J'ai plaint M.a, j'ai admiré M.a, je n'ai pas été inspiré par elle.

La rencontre professionnelle avec C.a va être d'autant plus volcanique.
Pas question avec elle de songer à jouer les Pygmalion, d'autant qu'elle est une femme qui frise la trentaine et non, comme ses prédécesseurs une jeune fille en fleurs. Venue de son île natale de la mer tyrrhénienne à Paris pour conquérir le monde, sublime et passionnelle, C.a, guerrière et comédienne, qui joue sa partie à travers tous ceux qu'elle croise avec une détermination joueuse et séductrice, n'a pas la vocation d'être une muse pour quiconque, sinon à son propre usage. Elle ne m'inspira pas de nouvelles créations. Sa puissance émotionnelle est extrême. Elle représentera la passion absolue de l'être en représentation de soi. Définitivement trop belle pour moi, trop sûre d'elle-même pour ne pas me renvoyer à mes propres incertitudes, paralysante par l'extrémisme de sa beauté, je n'en tirerai que plus une immense fierté d'être vu à ses côtés, parce que sa lumière me transporte et me transcende à mes propres yeux. Et c'est déjà beaucoup pour le Petit Chose que je fus à mes yeux dans ma jeunesse, qui n'a jamais complètement surmonté ni franchi la pellicule, le rideau de verre qui le séparait jadis du monde des chanceux de la vie, ces prédateurs heureux, dotés de force, de grâce et de droits naturels à exercer leur pouvoir, leur séduction sur les autres.

Y. a est ukrainienne. Elle n'a pas tout à fait dix-huit ans, elle est insolemment belle, ressemble à un personnage de roman, tant elle a été mise en scène par sa mère dès l'âge de treize ans, parcourant le monde sous sa férule à coup de castings incessants, ne trouvant de récréation que dans le crayonnage de portraits sur le vif. Elle est la candidate idéale pour le Pygmalion que je rêve d'être depuis que je suis devenu joaillier. Elle, va vraiment être ma muse, mon égérie. Je vais créer davantage de pièces sur elle que je ne le fis en

cinq ans jusque-là. Mais, insidieusement au fond de moi, le père va prendre le pas sur l'aspirant Pygmalion. L'incroyable jeunesse de Y. a donne à son incroyable beauté une nuance incestueuse qui me paralyse. Cette jeune et jolie fleur du monde n'a de valeur pour moi que dans sa pureté originelle. L'imaginer autrement est un exploit impossible.
C'est en montant les marches du festival de Cannes à ses côtés, pour la présentation du film d'un ami en sélection officielle, que je réalise soudain qu'elle ne peut être muse et modèle en même temps.

Porter un bijou fait, en principe, des femmes qui s'y prêtent à la perfection des créatures de rêve, parées telles des terrestres déesses, bien plus belles et désirables que les mannequins « porte-manteaux » des défilés de mode.
Qu'est-ce qu'une muse, à mes yeux ? Elle devrait être, idéalement, nourricière, exaltante, identitaire, et, parce que je rêve d'être Pygmalion, fidèle sans être du tout soumise.
En bref, la muse est l'incarnation du bonheur, la quadrature du cercle de l'amour. Qu'importe son âge, son passé, elle compte seule dans l'instant où je saisis son âme, elle est l'idéal féminin personnifié, pour l'artiste au moment de sa création. Mais la muse idéale est trop parfaite pour l'homme imparfait que je suis, et c'est parce que je ne la trouverai jamais que je la cherche toujours.

Bien des femmes me font rêver. Sophie Marceau, Marine Vath, Charlotte Lebon, pour ne citer qu'elles. Est-ce que ces icônes imaginaires aimeraient être cette femme idéale, inatteignable, que j'imagine pour la route encore devant moi ? J'en frémis déjà.

Elle a vingt-cinq ans, elle est blonde, elle possède d'incroyables yeux bleu couleur d'eau pure, elle est vivante, parle d'abondance, boit et fume, aime la littérature, la peinture et son existence

présente. Elle est, je le pressens, le modèle fatal de ma prochaine collection. Elle s'appelle F.
J'étais en avance chez mon coiffeur, on me propose un magazine pour homme avec, comme il se doit, une fille nue en couverture. Sur ces entrefaites, mon coiffeur arrive. Trois semaines plus tard, je vais à *L'Apicius*, ce bar où j'ai mes habitudes, toujours à la même table. À cette table, dans « mon » fauteuil, je découvre, accompagné d'une blonde de dos, un ami, qui me hèle : « Tu es seul ? Viens à notre table. » Je lui réponds : « Tu veux dire : à la mienne. » « Je te présente ma protégée. » Elle se tourne vers moi. C'est la fille en couverture du magazine. C'est ainsi que s'est amorcée l'histoire.
Elle m'apostrophe : « C'est vous le rebelle de la place Vendôme ? L'homme qui n'aime que les brunes ? Pas de chance, ce soir. »
Elle ajoute : « Et en plus, je suis peut-être rousse. »
Je lui réponds : « Blonde ou rousse, en tout cas vous êtes sûrement très belle. »
Je regrette immédiatement le « sûrement ».
Elle : « Et alors ? ».
Moi, au débotté « Alors ? Demain matin… »
Elle : « Photos ? »
Moi : « Non. Créations. »

Spirituelle, pétillante, ravissante, telle est la fille du magazine. Mais émotionnelle ? Fusionnelle ? J'espérais.

Ce fut non. L'histoire s'est arrêtée quelques jours plus tard.

B. J'étais arrivé en avance sur l'heure portée sur le carton d'invitation. Les salons de l'hôtel particulier en bas des Champs-Élysées étaient déserts. Seule une armée de traiteurs mettait la dernière main aux lieux, accommodait les tables, et les barmen alignaient les bouteilles sur le buffet-abreuvoir de la salle de réception, pour la ronde, tout à l'heure, des cocktails et le ballet des petits fours. Un grand média parisien donnait sa soirée annuelle en l'honneur de ses annonceurs et des agences d'achat d'espace publicitaire. Il se trouve que j'étais, selon leur dire, leur premier annonceur. En temps normal, je m'abstiens d'honorer ces mondanités professionnelles, auxquelles vous sollicitent rituellement fournisseurs, fabricants, distributeurs, prestataires de services, etc.

Là, j'avais, pour une fois, répondu à l'invitation, curieux de voir le traitement qui serait réservé au meilleur client que j'étais à leurs yeux. Pourquoi être arrivé en avance, observateur anonyme de la comédie humaine à laquelle j'allais participer moi-même quelques minutes plus tard, tel un acteur qui arpente le plateau où il s'apprête à jouer sa partition ? Je ne suis vraiment à l'aise et véritablement moi qu'au sein du cercle de mes proches. Être en représentation en société est toujours un effort sur moi-même, une victoire à remporter sur le Petit Chose timide que je fus dans ma jeunesse et dont le fantôme sommeille toujours dans mon dos malgré moi. D'où arriver à l'avance, avant tout le monde, pour ne pas être, perdu et solitaire, propulsé sans préavis dans la foule bruyante des invités, comme les chrétiens jetés jadis dans la fosse aux lions.

« Comment ? Vous êtes déjà là ? » Au fur et à mesure qu'ils arrivaient, je me retrouvai presque à faire l'honneur des lieux à mes hôtes, comme si j'en étais l'heureux propriétaire.

Bientôt, nous passâmes au dîner. Il y avait là deux cents convives ou plus. Je fus conduit à la table d'honneur. J'étais bien, en effet, le roi de la soirée, entouré des principaux responsables en chef du journal qui orchestrait cette soirée de relations publiques haut de gamme. Seule une place était restée vide à ma droite. Le richissime propriétaire du journal ferait-il son apparition, une fois tout le monde assis ?

La conversation s'engagea. On me pressait d'aimables questions, autant d'occasions pour moi de me mettre complaisamment en

scène, avec la fausse modestie qui sied. Je me dis que l'épreuve commençait, qu'elle durerait deux heures et que je sortirai passablement épuisé de cette compétition à l'amiable avec mes semblables où il me faudrait parler d'affaires, de politique, des gens en vue, de l'esprit du temps, en homme informé et l'air de ne pas y toucher. Un exercice auquel je ne me suis jamais complètement fait. Mais, bon, j'étais venu, je jouerais le jeu selon les règles.
Une jeune femme s'avança entre les tables, tourna autour de la nôtre, vint s'asseoir à la place vide, me sourit. J'étais sauvé. Elle me regarda, s'enquit de qui j'étais. «Joaillier chez Mauboussin». «Mauboussin ? Ah, oui, je suis rentrée dans une de vos boutiques. J'ai même vu un de vos poèmes. Je vois que vous avez la légion d'honneur. Mon père aussi.» Je répondis : «La volonté des puissants ne se discute pas.» Elle répondit, vaguement moqueuse : «Jolie manière de ne pas se mettre en avant.» Et ainsi de suite, deux heures durant. Une bulle s'était créée d'emblée entre nous deux, dans laquelle nous passerions toute la soirée, à l'abri presque parfait de nos commensaux, qui contemplaient notre retraite de mots et de sourires comme un sanctuaire aussi enviable qu'inviolable, où ils n'osèrent s'aventurer de tout le dîner, m'abandonnant le choix et le moment des quelques excursions à leur intention que je fis hors de la bulle avec la belle actrice. Car c'était une actrice. Son visage me disait quelque chose. J'ignorais son nom.
Elle était arrivée en scooter. Nous parlâmes bientôt de nous, elle non plus n'était pas à son aise en société. On évoqua Romy Schneider, qu'elle admirait, et sa vie amoureuse au bord permanent de l'abîme. «La vie, c'est la fêlure, disait Scott Fitzgerald. L'important, c'est d'aimer. Mais, jusqu'à maintenant, je n'ai jamais dit «Je t'aime» à un homme. Je ne sais pas pourquoi...» Je hasardai : «Peut-être parce que la liberté est notre bien le plus précieux. Plus précieux que l'amour...» Elle semblait regarder en elle-même : «Un peuple heureux n'a pas d'histoire. Je préfère les histoires au bonheur.»
Nous savourions ces minutes sans contraintes entre inconnus

intimes, où les confidences se succédaient naturellement, sans arrière-pensée. Le temps était suspendu, le monde extérieur se résumait au vague brouhaha des convives qui nous entouraient. Il y avait entre nous quelque chose d'autre que la séduction classique entre un homme et une femme qui se découvrent l'un à l'autre. Mais quoi ? Quelque chose d'indéfinissable que nous ressentions tous deux, à mi-chemin entre le bonheur d'une rencontre inédite et la nostalgie des chemins que nous n'avions pas pris et que nous ne prendrions plus. Drôle de rencontre, un soir en société. Je ne lui ai demandé son nom qu'à la fin.

J'avais, pour la revoir, élu de nouveau le bar de l'Apicius, un des rares endroits au monde où, certains soirs de grande fatigue, ma journée achevée, détaché enfin des affairements du jour, libéré, le temps de déguster un vieux bourbon, de cette course aux résultats qui reprendra demain, affranchi de ce tourbillon sans repos qui nous rive à nos vies, je fais fidèlement depuis vingt ans halte dans cet univers feutré, me sentant, par une douce magie toujours recommencée, en harmonie avec moi-même et mes semblables.
Elle avait, plus encore que lors de sa découverte à ce dîner des Champs-Élysées, cette beauté simple des actrices au naturel qui me va droit au cœur. J'avais rêvé depuis ce tête à tête où nous avions aboli le temps, retranchés de la société environnante dans une bulle de mots complices et de confidences sans détours, j'avais rêvé, oui, de faire d'elle ma muse pour ma prochaine collection de parures de pierres.
Passé les questions d'usage sur les événements en cours, je lui en fis l'aveu, comme un hommage flatteur à sa beauté. Elle resta silencieuse. Qu'est-ce qu'une muse, s'interrogeait-elle ? Et pour un joaillier ? Le modèle, pour un peintre, est l'objet même de sa représentation, la matière vivante de son travail d'artiste. Mais pour un joaillier ? En quoi cela consistait-il ; et qu'aurait-elle à faire ? Je lui expliquai que, dans un premier temps, elle n'aurait

rien à faire de précis, juste être là une ou deux fois par semaine, parler d'elle, de nous, de ses désirs, de son rapport aux choses et aux autres. Et puis, si l'inspiration peu à peu me venait, j'ébaucherai sur elle, et pour elle, mes futures créations. Cette relation inédite, à la fois faite de jeu, de séduction et de distance, l'intriguait, l'attirait pour son étrangeté. Était-ce, semblait-elle se demander, comme ces banales entreprises propres à son milieu, où un producteur fait miroiter un rôle à une comédienne pour mieux la séduire ? Autre chose ? Un jeu, une construction, non dénués d'ambiguïté ? Un pur rapport professionnel ? Tout cela à la fois ?

Je la contemplais comme si déjà nous avions engagé cette aventure ensemble. J'étais, une fois de plus, l'adolescent de jadis, fasciné par les jeunes filles en fleur, et empêché par sa timidité de leur confier son éblouissement, paralysé à l'idée même d'entreprendre de les séduire. Trop belles pour toi, jeune homme. Je retrouvais mes émotions d'antan, comme un élixir interdit de consommation. Toujours ce double bind, qui n'avait cessé de retenir mes élans, m'empêchait d'engager de tentantes aventures et, quand je parvenais par miracle à dépasser ce stade, à conclure amoureusement. Elle n'était pas ma première muse « professionnelle », mais, comme les précédentes, j'entendais là encore la séduire… pour rien. Gratuitement. Avec un zeste de masochisme…

Elle était troublée. Y avait-il un désir caché, derrière ma proposition ? De la perversité, peut-être ? Une bizarrerie d'homme ? Elle rompit son trouble et le charme en même temps. Soit, me dit-elle. Et pour les conditions, je verrai avec son agent. Fin soudain de l'implicite, du rêve d'un entre-deux homme-femme, de ce commerce immatériel de la créature et du créateur. L'argent n'était pas le propos, et j'étais plus que généreux avec mes muses sans qu'elles ne me demandent rien, comme si, me refusant d'en tomber amoureux, je les frustrais d'amour et compensais mon retrait par des largesses parfois exagérées. Je sus en moi-même

qu'elle ne serait pas ma muse. C'était idiot ; mais c'était fini avant d'avoir commencé.
Nous quittâmes l'Apicius, laissant en suspens la suite, comme si nous savions sans le dire qu'elle n'aurait jamais lieu. Nous « réfléchirions »... C'était tout réfléchi.
Je repensai soudain à cet amour infini reçu à ma naissance de ma mère et de Marthe, ma grand-mère. Rien ne pourrait le dépasser. Rien ne devrait le dépasser. J'avais eu très vite l'angoisse de le perdre, à l'heure fatale de leur disparition. Quand elles disparurent pour de bon, je crus ma vie finie. L'amour ? Le plus extraordinaire des biens, mais que la vie vous reprend forcément un jour ou l'autre, en vous laissant pour longtemps K.0. Alors, approcher l'amour au plus près, en rêver, et puis, avant le grand saut dans cet infini toujours fini, faire à regret demi-tour. Ce furent mes muses, ces possibles impossibles. Elles furent ces fameuses « routes que nous n'avons pas prises » et qui nous hanteront toute notre vie.
Il n'y a pas de bonheur heureux.

## Toutes les femmes ne sont pas des muses

Toutes les femmes ne sont pas des muses. Mais toutes auront été mon oxygène.
Depuis la nuit des temps, les sociétés humaines ont été en quête d'énergie vitale, pour se perpétuer à elles-mêmes et aller un peu plus de l'avant. Sans cette énergie qui les sous-tend, pas de mouvement, pas de création. Depuis la nuit des temps, les organismes psychiques sont à la recherche de l'oxygène moral et intellectuel qui les fait agir et les mobilise. De même que l'oxygène, découvert par Lavoisier, est l'élément le plus abondant du globe terrestre, de même l'oxygène mental que nous dispensent ceux et celles qui nous entourent est la matière la plus précieuse pour le mouvement de notre vie. À quoi bon le mouvement général de la société si je ne peux y participer ni y contribuer, faute de cet oxygène-là ? Quel que soit le chemin que nous allons prendre, il ne vaut d'être parcouru qu'invité, encouragé, accompagné en esprit par d'autres que nous-mêmes. Point de chemin sans compagnons de voyage. Sans, surtout, en ce qui me concerne, de « compagnonnes ».

Avec mes compagnons hommes, j'ai construit les fondements et la tuyauterie de la machine qui m'a permis le mouvement, à commencer par mon père et les quelques grands mentors professionnels qui ont structuré mon ascension dans la vie et les métiers que j'ai exercés.
Qu'auraient été ce chemin et le mouvement nécessaire à le

parcourir, sans toutes ces « compagnonnes » ? Celles qui me donnèrent la lumière, Marthe et ma mère autrefois. Suivies de toutes les pourvoyeuses d'énergie que furent ma femme, qui m'a donné cet oxygène entre tous que sont des enfants, mes directrices de travaux étudiants successives, les femmes de cœur ou de tête que j'ai rencontrées, les corps et les silhouettes y compris d'inconnues, qui ont permis à l'homme que je n'étais pas de trouver les voies de sa libre respiration, du savoir-jouir et, plus encore, le savoir de s'en apercevoir.
De mes copines de lycée à celles des Prépas, de mes copines de bureau à mes copines dans la vie, toutes, peu ou prou, furent des complices, ont justifié et nourri mes révoltes, mes rébellions (depuis dix ans, via Mauboussin, en leur faveur), mon goût du contre-pied social, ma volonté de remise en cause de l'ordre masculin. Les hommes, structurellement, mentalement, sont beaucoup plus conservateurs.

La rencontre au féminin est toujours pour moi, une promesse d'oxygène. Alors que fort bien installé sur le campus de HEC à Jouy en Josas, jeune enseignant apprécié de ses aînés et populaire auprès de ses élèves, c'est une collègue à moi, professeur de droit, et une de mes étudiantes que j'avais prise en stage au sein d'un centre de recherche que je dirigeais, qui m'ont toutes deux convaincu que je valais mieux qu'un destin de professeur à vie, survolant ses cours les yeux fermés, que je devais défroquer et me plonger dans la vie des affaires, parce que, selon elles, j'en avais le talent et l'envergure. Ce qui supposait de chagriner quelque peu mon entourage familial qui m'avait prédestiné de toujours au professorat et jouissait à travers moi de cette reconnaissance académique, rejaillissant sur toute la famille. Aux yeux des miens, petites gens modestes infiniment respectueux du savoir et de la République, celle qu'avaient faite les savants et les sachants, quel plus noble métier que celui de transmettre la connaissance ? Les

affaires, elles, sentaient le souffre.
Ces deux femmes, l'une de 35 ans, l'autre de 20, ont bouleversé ma vie en m'inoculant semaine après semaine, la confiance en l'avenir et ses risques. Elles l'ont fait en stricte fraternité, par pure amitié. Je ne les ai jamais revues après avoir quitté le campus. La professeur de droit s'appelait Nicole. Je ne me rappelle plus le nom de l'étudiante.

Une fois franchi le Rubicon de la vie éducative au monde du privé, celle qui m'insuffla un nouvel oxygène et l'ambition de compter dans le monde de la Mode où j'avais atterri, fut Colombe, jeune présidente de Dior New York, rencontrée à l'été 1982, qui, un beau jour, me balance tout de go : « Le monde de la Mode et du Textile attend de jeunes managers à la tête bien faite et bien remplie, pour équilibrer le milieu existant, fait d'hommes d'intuition et d'expérience vivant en toute consanguinité. Ils se montreront d'autant plus réceptifs et intéressés que vous êtes jeune dans un univers qui ne l'est plus du tout, que vous êtes diplômé dans une caste qui n'a pas eu, pour la plupart, le baccalauréat. »
Colombe transformera mon galop d'essai dans le privé en un ancrage définitif qui, au-delà de la fierté de mes parents, finalement rassurés sur ma droiture dans un monde réputé cultiver peu cette valeur de base, va dans le sens de l'Histoire, en me donnant un rôle viril par rapport à la Cité, celui du vrai mercenaire que je vais endosser. Je n'en comprendrai les limites et la souffrance qu'à l'épreuve et la tourmente venue. Tant, pour l'heure, cet oxygène m'enivre.
Quelques années encore plus tard, alors Président de Biderman Europe, en charge de Saint-Laurent et de Kenzo, deux anciennes étudiantes que j'avais embauchées chez Kenzo et Daniel Hechter, me donnèrent un troisième oxygène en me poussant à démontrer mes talents de manager au travers, cette fois, du rachat d'une

entreprise, arguant que je n'étais certainement pas plus sot qu'un autre pour faire de l'argent. Si cette Emmanuelle sut m'insuffler l'envie, le courage et l'audace, l'intrépidité de courir ma chance, elle fut surtout celle qui sut me représenter que ce saut m'était indispensable pour tourner le dos à ma condition mercenaire, vouée à la restructuration au forceps d'une industrie textile en perdition, avec ses cohortes de chômeurs forcés. Aborder enfin, avec la gourmandise nécessaire, aux rives de la création ! Au travers de nos conversations à la fin des cours que je donnais dans les salles de l'Institut de la Mode, poursuivies dans les couloirs de chez Biderman et d'ailleurs, je retrouvais l'oxygène de mes années d'enfance et cette envie de liberté et d'évasion, par l'argent cette fois, qui n'avait cessé de me tarauder depuis.

Toutes ces « compagnonnes » m'ont redonné, sur vingt ans, l'exaltation de ma jeunesse.

Le reste du parcours serait irrigué par des femmes d'exception : celles de ma famille encore et toujours ; mes amies, mes directrices de conscience et d'inconscience, Valérie en tête, cette prêtresse gardienne du Temple qui me persuade chaque jour de conserver intactes mes illusions, mes rêves, mes révoltes d'ancien pauvre, de Petit chose, contre le monde des puissants et de l'argent pour l'argent, m'encourage à mener mes combats en restant fidèle à mes idées d'antan.

Autant de suprêmes oxygènes qui irriguent loin l'avenir devant moi.

## Du bonheur de faire de la politique, sans en être acteur

On en a jamais fini avec les femmes (avec les hommes pas davantage, d'ailleurs, mais enfin...). Passons à la politique, ce sport encore trop masculin.

Faire de la politique mon bien, faire ma chose de ce théâtre de la vie pour tous les acteurs que nous sommes sans exception, mais sans lui appartenir en retour, en homme libre : ce fut, c'est toujours une des grandes affaires de mon existence. Et c'est, là encore, par-delà les frustrations passagères d'être un spectateur engagé et non un acteur direct, une source intense de passion et de bonheur.

Je suis un addict de la chose publique et des enjeux collectifs qui nous mobilisent au quotidien, et plus encore quand l'événement frappe ses grandes orgues à nos portes.
Cet amour de la politique commença très tôt. J'avais cinq ans. Nous regardions en direct, toute la famille agglutinée religieusement devant le petit écran noir et blanc de 56 cm, la cérémonie d'investiture du général de Gaulle, place de la République, premier président de la toute nouvelle Ve République.
L'événement fut à ce point fondateur que je ne cesserai plus dès lors, par privilège spécial de mes parents avant d'aller au lit, de regarder, soir après soir, le Journal de 20 heures, de l'ORTF, alors « la voix de la France », autrement dit l'organe officiel du gouvernement, jusqu'à ce que mai 1968 et la révolte des

journalistes-maison (au cri de « Libérez l'ORTF ! ») mette fin à ce robinet à propagande et instaure la liberté de l'information à la Télévision. Mais, pour autant, c'est là que j'ai appris l'histoire contemporaine, serait-ce entre les lignes de l'autocensure. C'est là que j'ai pris conscience de la guerre d'Algérie, dont il était rendu compte sous l'appellation pudique « d'événements », et des tentations fascistes de l'OAS, de la décolonisation, des grands conflits sociaux des années soixante, à commencer par la grève des mineurs de l'hiver 1963 réquisitionnés militairement par le gouvernement (la France se chauffait encore au charbon…), et, du coup, du caractère insupportable du pouvoir personnel de de Gaulle, de l'émergence, lors des Présidentielles de 1965, d'un certain François Mitterrand qui mit l'Homme du 18 juin en ballotage. Le tout débouchant sur la participation passionnée d'un garçon de 15 ans à un mai 1968 en culottes courtes ou presque, dans la cour du lycée d'Asnières.

Ma formation sur le tas serait complétée par un autre rituel télévisé, qui consistait, toujours en famille et toujours par privilège spécial au lieu d'aller faire mes devoirs, à regarder, passé 21 heures, *Cinq colonnes à la Une*. Tant il était important, aux yeux de mes parents, en bons pupilles de la République et de la France de Michelet et de Jaurès, comme seules l'école laïque de la Troisième République finissante puis la Résistance surent en fabriquer, que leur fils s'enrichisse du spectacle de l'actualité mondiale et de ses commentaires éclairés.

On lisait *France Soir*, mais sa lecture était confisquée par mon père qui faisait ses mots croisés, et je me contentais de lire de loin les gros titres qui barraient toute la Une. Dès mes douze ans, le rituel s'installa, qui voulait que chaque samedi soir après le dîner, la partie de crapette terminée, nous restions, ma mère, mon père et moi, à parler politique et débattre de l'actualité, mini-agora familiale qui me donna définitivement le goût du débat bien réglé entre esprits libres et empathiques, loin des joutes polémiques qu'affectionnent organiser les médias d'aujourd'hui.

Mais, plus encore, le vrai Sésame qui m'ouvrit les portes de l'univers politique, fut le cadeau parental, pour mes onze ans, lors de mon passage en cinquième, d'un minuscule poste transistor, comme on les appelait alors, que je bloquai séance tenante sur Europe 1 et *Salut les Copains* de Frank Tenot et Daniel Filipachi dès que je rentrais du lycée, mais aussi sur les bulletins horaires d'information qui encadraient l'émission. J'ai suivi la vie politique française au jour le jour, j'ai suivi, pendu à mon transistor, la guerre des Six Jours, qui devait à jamais m'interpeller sur la complexité de la position des Juifs de France, partagés entre leur identité nationale et leur fraternité irrémissible avec leurs frères et sœurs d'Israël.

Mais mon transistor va jouer un rôle plus capital encore dans mon attente de la politique comme pourvoyeuse du bonheur d'exister – et bientôt d'agir – dans la grande machine du monde. Je vais suivre avec une exaltation croissante sur les radios les premières échauffourées de Nanterre, le 22 mars, annonciatrices de mai 1968. Jour après jour monte pour moi, jeune lycéen, l'évidence, en ce printemps de la Jeunesse, que l'heure du combat pour la liberté, l'égalité et la fraternité a sonné, pour moi aussi. En avril, mon grand frère, de douze ans mon aîné, annonce à la famille qu'il entre au PSU de Michel Rocard. Daniel a vécu la guerre, la chasse aux juifs orchestrée par Vichy pour le compte des Nazis, il a franchi, enfant, l'Allier sur les épaules d'un passeur, puis, aux côtés de ma mère, l'entrée dans la Résistance, l'épopée des maquis d'Auvergne. À la Libération, il a subi comme des millions d'enfants les privations d'après-guerre dans une famille luttant pour sortir de la précarité. Il porte tout cela en lui, qui donne son sens à son entrée au PSU.

Explose, toujours sur mon transistor, mai 1968, et l'occasion pour l'enfant timide et timoré que je suis de s'exprimer pour ses idées, jusque-là souterraines, dans la rue, c'est-à-dire mon lycée. Il ne s'agit plus de Politique, d'élections, mais de civilisation, de société. La politique ne sera pas mon affaire, mais la Cité. Face aux jeux de la politique, face à l'administration des choses et des hommes, il y a le corps vivant de la société, la manifestation et le cri populaire qui est le vrai cri citoyen. Au politicien, au bulletin de vote, à l'assemblée constituée, je préfère l'agora. C'est là, sur cette agora moderne que sont les familles d'idées comme la Franc Maçonnerie et tant d'autres encore, que je vais tenter de faire entendre ma voix et concrétiser mes engagements, les quarante-cinq années qui suivent.

## Mai 1968, Rose et la suite

Mai 1968 s'éteignit à l'été aussi vite que nous nous étions, jeunes et moins jeunes partout en France, enflammés au printemps.
Finie l'exaltation. L'âme en bandoulière, j'observe la normalisation gaullienne puis pompidolienne, déprime qu'accentuera encore la défaite de François Mitterrand en 1974 face à Giscard d'Estaing. Mais, tandis que la possibilité de réformes profondes est bloquée par le suffrage universel, confisqué par les professionnels de la politique et par la Droite, la société, elle, bouge ; les ferments de mai 1968 agissent, les mœurs se libèrent.
Par bonheur, l'étudiant post-soixante-huitard déprimé que je suis vit au milieu des filles de sa génération. Chaque jour, je mesure le chemin parcouru depuis ce fameux Printemps de toutes les licences, de toutes libertés : liberté sexuelle, pilule, droit à l'avortement, Peace and Love partout. Ce seront des années malheureuses en politique, mais pas du tout dans ma vie.

Été 1972, mes parents consentent enfin que, pour la première fois, je parte en vacances seul, hors du giron familial. Je choisis Cadaquès, et deux semaines au Club Méditerranée. Les deux semaines passées comme il se doit à draguer, je les rejoins à l'hôtel Beauséjour à Saint-Raphaël… avec une copine rencontrée en faisant de l'auto-stop les quatre jours que nous prit la remontée depuis la frontière espagnole.
Mon père et ma mère partagent un verre sur la terrasse de l'hôtel avec leurs amis. Tous me voient arriver, en tongs, maillot de

corps et cheveux longs, tenant par la main une jeune fille dans le même accoutrement et répondant au nom parfumé de Rose. La stupeur est si forte qu'aucun reproche, nulle remarque ne filtrent des bouches adultes. Qui ne dit mot consent. Fort de ce silence approbateur, je file à la réception demander une chambre avec lit double, pour quinze jours. À mettre, SVP, sur le compte Némarq. Là s'arrête toutefois la tolérance parentale. Il n'y aura pas de repas commun élargi à Rose. Je vivrai mon Woodstock personnel dans la stricte intimité avec ma Rose anglaise, nous nourrissant midi et soir de pains bagnats sur la plage où nous rôtissons avec ferveur, non sans nous enfermer avec une égale ferveur dans la chambre de l'hôtel Beauséjour chaque après-midi.
Reste que Rose repartie à Londres et moi à Paris avec mes parents, je repris le chemin de la Prépa, après qu'ils aient veillé à me faire raser ma barbe de deux mois et raccourci d'autant ma chevelure bouclée, afin de me rendre plus conforme à leur conception du monde et à ce qu'un bon fils se doit d'être pour lui-même non moins qu'à ses parents quant à l'image de la famille.
N'empêche que les temps avaient changé.

Dans le même temps que je me libère, comme on disait alors, les Trente Glorieuses, sous le coup de la crise pétrolière de 1973 qu'amplifiera celle de 1978, commencent à se défaire, et la société de consommation que nous avions tant décriée aux heures de sa splendeur devient peu à peu un rétro-mirage désirable. L'interrogation s'éveille en moi sur le bien-fondé de la critique contestataire au fur et à mesure que les beaux jours s'éloignent. N'est-il pas meilleur de partager les fruits d'une société d'abondance et de plein-emploi, serait-ce à la portion congrue, que de vouloir raser gratis autour de la table rase d'une société égalitaire, frustre autant que juste, mais promise à la décroissance et à la stagnation, telle que je la prônais alors ?
C'est en social-démocrate fraîchement converti, ma mue achevée

jusqu'à me faire partisan d'un partage réglé entre le Travail et la Capital, que j'aborderai l'élection présidentielle de mai 1981. J'avais intégré quelque temps plus tôt la cellule socialiste de H.E.C ; à Jouy en Josas puis celle de Bois-Colombes. Excepté que j'avais trop goûté à la liberté libertaire aux beaux temps du gauchisme, pour que le militantisme me transporte avec une égale ferveur. J'aimais follement la politique, le mouvement et le choc des idées, mais non le dogme, autrement dit ce qu'on appelle dans les partis un programme. Fin rapide du militantisme. Je rejoindrai très vite la vaste armée des ombres de ceux qui veulent, pour eux-mêmes et pour autrui, par le biais de leur inscription citoyenne, de leur pratique professionnelle, leur conduite dans la société, faire bouger les choses dans la longue patience des jours, à pas menus, au quotidien. Parce que c'est au quotidien qu'on vit mal, et parce que l'espérance du Grand Soir ne nourrit pas son homme.

Il y avait aussi que, malgré l'espoir retrouvé d'un monde meilleur et mon identification au camp de la liberté et du progrès social, je renouais, la Gauche venue au pouvoir, avec ma difficulté d'être face aux puissants, aux êtres sûrs d'eux-mêmes, en l'occurrence ces nouvelles élites de gauche, où je voyais davantage de futurs carriéristes gérant demain l'existant pour mieux perdurer eux-mêmes, que des idéalistes animés par la volonté, hic et nunc, de « changer la vie ». Il y avait eu les lendemains qui chantent. J'interrogeais par avance ces lendemains aux couleurs de la rose.

Ce qui vaut pour les autres vaut non moins pour moi. Cette dérive que j'appréhendais de la Gauche gestionnaire, je l'éprouverai plus tard à mon corps défendant. Devenu chef d'entreprise au service de l'État mitterrandien, l'idéaliste que j'étais se muera malgré lui en mercenaire des restructurations industrielles au forceps, au nom de la Raison économique, expression pudique du renoncement et de l'impuissance.

Mais pour l'heure, j'ai encore vingt ans, on est le 11 mai 1981, il est 20 heures, le visage de François Mitterrand apparaît sur l'écran de la télévision familiale. Je fais un bond en l'air, entame une farandole autour de la table du dîner, vais pour sauter dans un jean et des baskets en vue de rejoindre la place de la Bastille, et, dans ma précipitation, je m'administre une entorse-maison au pied. J'assisterai sur le petit écran à la fête que célèbre Paris sans moi, et, quelque temps plus tard, à l'alternance tant attendue. Sur le coup, drôle de symbole que cette entorse. Rappel prémonitoire à l'ordre, à la pesanteur des corps et des choses ? Annonce de lendemains qui ne seront pas vraiment des fêtes ? On verrait bien. Pour l'heure, j'y crois. Mai 1968 - Mai 81 : c'est une longue route qui s'ouvre devant le pays et accessoirement moi-même. À la conscience de la lutte des classes romantique succède le principe de réalité. La vérité n'est plus dans l'agora et ses passions illimitées. Elle est dans les urnes.

Cette longue route qui s'ouvre devant moi me conduira jusqu'en 1995 à la mort de François Mitterrand. Quatorze longues années, où je vais quitter peu à peu mes habits d'homme jeune et d'homme pressé, tourner la page de mon existence étroite, pour revêtir l'habit de lumière de l'entrepreneur. Quatorze années où je passerai d'un univers mental pétri d'idéologie, au combat quotidien pour la justice sociale, avant d'accéder à un monde où l'argent et le pouvoir qu'il octroie semblent être le bon moteur de la vie. Il ne sera plus question d'espoir et de désespérance, mais de recherche de soi.

Pourtant je n'ai pas changé, et cette période politique de ma vie va se clore non pas avec l'émergence, de 1992 à 1995, d'une multiplicité d'affaires nauséabondes dans la sphère publique, mais le jour où le croyant agnostique que j'étais en politique apprend de manière sûre et certaine la compromission poisseuse de Mitterrand avec Bousquet, Secrétaire général de la police sous Vichy, coresponsable, entre autres méfaits collaborationnistes, de la rafle des Juifs du Val d'Hiv en juillet 1942.

Le hasard de la vie me fait dîner ce soir-là avec un vieil ami chez *Lipp*. Tandis que nous partageons à notre habitude salade mâche betterave, gigot froid, morceau de Munster et petit noir, la conversation – en fait, je monopolise de bout en bout la parole – ne roule que sur cette suprême trahison de l'homme qui incarnait la Gauche. En quelques heures, j'avais perdu mes ultimes illusions, et je sus que je ne suivrai plus jamais un homme politique au motif de son charisme et des idées qu'il affiche en public. *Lipp* fermant, je gagnai le bar du *Royal Monceau,* et j'y finis au milieu d'inconnus cette journée de deuil personnel, m'empiffrant de canapés au saumon et de pistaches grillées arrosés au Bourbon non-stop, pleurant solitaire sur cette tranche de vie et la confiance perdues. J'avais quarante-deux ans et je ne croyais plus que c'était le plus bel âge de la vie. Je venais sur le tard de devenir adulte dans la Cité. Mon partenaire de désillusion s'appelait Jamo. Il est mort aujourd'hui, il était mon ami. Son silence, tout au long de cette soirée, fut l'indispensable outil à l'exercice du deuil que je venais d'entreprendre et d'achever en même temps.

Cette cuite était prémonitoire. Bien d'autres, métaphoriquement, suivraient, au fur et à mesure des gueules de bois politiques qui n'allaient plus cesser de se succéder jusqu'à aujourd'hui. Où tout de ce que l'on a cru, de ce que l'on a espéré, il faut bien se l'avouer, ne s'y résignerait-on pas, semble se dissoudre en accéléré dans un immense malaise collectif et l'impuissance de la politique, sans que l'on voit la fin du tunnel. Le bonheur n'est plus, à ce jour, dans la Chose publique, ses débats, ses lumières, pauvres lumières qui s'éteignent l'une après l'autre. Mais n'anticipons pas.

1988. Pour la première fois, à l'élection présidentielle je vote à gauche par atavisme, presque par automatisme. Pire encore, en 1995, à l'élection de Chirac : aucun des candidats ne semble prendre la dimension de la Crise en marche. Chômage aidant,

l'intégration des fils et petit-fils d'immigrés passe peu à peu à la désintégration ; la ghettoïsation ethnique et sociale fait sentir ses premiers effets ; l'extrême-droite dans les limbes redresse la tête ; commence la démission de l'État. Les Français se demandent à quelles fins ils sont gouvernés. Le pays n'a plus de vision, ni industrialiste, ni sociale. La Gauche est idéologiquement aux abonnés absents.
Je perds, ces années-là, mon père et ma mère. À mon désarroi privé s'ajoute la perte de confiance dans l'instrument de l'État pour changer la société. Et comble d'infortune, je vais devoir piloter des restructurations dans le Textile totalement meurtrières pour l'emploi, à seule fin véritable de permettre à des banques de récupérer les dettes des entreprises, accumulées au long de la décennie.

Survient le 11 septembre 2001. L'attentat contre les tours jumelles du World Trade Center de New York, pensai-je, va faire prendre conscience que la fin du marxisme, la mort du communisme et de ses vraies fausses espérances ont laissé place à une nouvelle partition du monde, que la religion et non plus l'idéologie va instrumentaliser, et contre laquelle elle va capter les révoltes des peuples dominés. D'un côté l'opulence du monde développé, sa domination sur le reste de la planète ; de l'autre la pauvreté et l'oppression politique. L'islamisme radical va surfer sur ce terreau explosif. Plus que jamais, les sociétés se révèlent mortelles.
Quant à la France, elle-même subit le contrecoup général et la régression identitaire qui s'empare des peuples, avec, chez nous, la division croissante entre les communautés, qui minera peu à peu le pacte républicain. Tel est le sens du cataclysme de 2002, qui voit la présence de Jean-Marie le Pen au deuxième tour de l'élection présidentielle. Le pays commence à plonger dans le doute existentiel, et l'aventurisme d'extrême-droite achève de brouiller les repères et les règles de la démocratie classique.

Dans le même temps, le capitalisme triomphant se transforme en casino financier, génère de moins en moins de croissance pour tous, et de plus en plus de profit pour quelques-uns.
De ce cocktail délétère, la coexistence pacifique entre les nations comme au sein de la société française pâtit à plein. Le fossé s'accroît entre les classes dirigeantes et les masses populaires, l'incivisme, la délinquance, la violence s'emparent des quartiers délaissés, deviennent des dérivatifs au chômage et à la désocialisation. No Future. Devant la dégradation de l'ordre public dans plusieurs banlieues, le Premier ministre Villepin ira jusqu'à y décréter l'état d'urgence et le couvre-feu.
Le monde des idées qui nourrissait le débat politique se réveille avec retard. Le vieux rêve d'égalité et de fraternité n'est plus qu'un mythe en déshérence. Ce qui était vrai et sous-tendait la marche des choses et l'ordre républicain, le droit au travail, à la connaissance, à la sécurité, est menacé de toutes parts, sans qu'aucune réponse, un nouvel élan voient le jour.

Comment avoir le souci d'autrui et du bien commun, si je ne vais pas bien en premier ? Ou, de même, si je vais trop bien, quand tant d'autres vont si mal ? Dans les deux cas, le repli sur soi devient une règle de vie, et pour beaucoup, en bas de l'échelle, une règle de survie.

Ma réaction face à cette dérive des esprits et des comportements ne sera pas un investissement citoyen dans le cercle de la politique mais dans la Cité, en tant que producteur d'un bien rare : le Luxe, dont je vais tenter de faire, toutes proportions gardées, un droit démocratique, ouvert aux femmes de toutes conditions ou presque. Ce sera l'aventure paradoxale de Mauboussin, sise place Vendôme à l'ombre du Ritz, une joaillerie quasi populaire au regard des Temples voisins pour Happy few, et qui fait, O scandale, sa publicité dans le métro, s'affiche à l'arrière des autobus parisiens.

Nous sommes en 2003. Je ne saurais rester place Vendôme dans je ne sais quelle tour d'ivoire, m'enfermer dans mon rôle de dirigeant d'une société atypique, serait-elle de plus en plus en vue, encore moins devenir une sorte de manager « rebelle » pour magazines économiques ou de mode sur papier glacé. En modeste universaliste que je suis, je m'investis chaque jour un peu plus dans mes recherches sur le sens de la vie bonne et juste. Soucieux des affaires de la Cité, de ses névroses et ses défis, je publie quelques articles sous forme de libres opinions portant sur la responsabilité sociale des entreprises et la décence marchande à retrouver, dans un monde du Luxe de plus en plus fermé au commun des mortelles, de plus en plus ivre de trophées et de vaisseaux amiraux flamboyants. Passerait-on d'Asnières à la place Vendôme, on ne se refait pas. L'arrogance de la richesse n'est décidément pas mon fort.

La décennie s'avance, et s'aggrave avec elle, plus vite encore, la fracture sociale, l'extrême-droite fascisante, trop heureuse, tirant les marrons du feu. L'Histoire semble se répéter. Le bonheur d'être français tourne à la passivité, à la mauvaise déprime. À qui la faute ? Les pouvoirs publics, l'État ? Haro général sur le baudet. Mais la faute principale en revient, plus que jamais, au détournement des richesses et des positions, à la confiscation des richesses à l'échelle du monde par les monopoles financiers et en France, par une élite de classe et une noblesse de robe qui, la Crise aidant, ont fait main basse sur le pays. En regard de quoi, la Droite se durcit, la Gauche démissionne de ses idéaux redistributeurs, laissant toutes deux la voie libre au Front National et à ses frères ennemis et meilleurs alliés, salafistes des banlieues, brûleurs de voiture de la Saint Sylvestre, casseurs du PSG et, désormais, les émules de Dieudonné et Soral hurlant dans les rues de Paris l'ignoble : « La France n'est pas aux Juifs ». Le tout pour le plus grand profit de Marine le Pen et ses affidés. Les premières digues ont sauté. Le reste pourrait suivre. La république, le pacte républicain sont en danger.

Devant la démission du monde politique tétanisé par la montée des extrêmes, le retour du scepticisme et le chaos dans les têtes qu'on ne sait comment contenir, le combat change désormais de nature, passe chaque jour un peu plus dans la sphère de l'économie et non plus dans la sphère politique ou dans l'ordre des idées. L'entreprise se retrouve en première ligne, et le sursaut, s'il doit avoir lieu, passera ou non par elle.

L'entreprise, en effet… À première vue, on avancera que les trois millions et demi de chômeurs que compte à ce jour le pays, sont le fait, depuis trente ans, non de l'État, qui n'est employeur que de lui-même, mais des entreprises, qui, année après année, ont fermé par milliers ou délocalisé à tour de bras à l'autre bout du monde, des industriels en place qui n'ont pas su gagner des marchés comme leurs homologues allemands, des entrepreneurs qui n'ont plus innové ni entrepris comme ils le faisaient de si belle façon durant les Trente Glorieuses, des investisseurs qui n'ont pas investi. Le capitaliste schumpetérien se fait de plus en plus rare. Tout cela est vrai.
Reste que la responsabilité première de cette fonte économique et du désastre social et humain qu'elle a entraîné, revient d'abord au capitalisme financier, qui s'est substitué au capitalisme industriel, l'a phagocyté et vassalisé sans retour. Les financiers, les banquiers ont pris le pouvoir sur l'entreprise, avec pour seul mot d'ordre, de rémunérer avant toutes choses les actionnaires. Le reste ne compte pas, ne compte plus. Vive la rente !

Que faire ? demandait Lénine dans un ouvrage célèbre.
Devant la dégradation accélérée des comptes publics, l'État français a cru bon, entre autres mesures de circonstance, de taxer les

revenus de plus d'un million d'Euros à 75 %. Si ce taux est fondé économiquement, pourquoi, peut-on en bonne logique s'interroger, ne pas l'appliquer uniformément à toutes les créations de richesse, aux bénéfices des sociétés (taxés pour l'heure à 34 %), aux produits de la rente, actions et autres, aux loyers mobiliers et immobiliers ? (Rappelons que l'État prélève la même TVA sur tous les produits et les échanges, qu'ils soient français ou étrangers.) Toujours dans la même logique, pareil prélèvement des trois quarts devrait avoir sa juste contrepartie, l'État se repliant sur ses seules fonctions régaliennes, ordre public, justice, Défense, éducation, Santé publique, qu'il financerait intégralement lui-même, c'est-à-dire, concernant celle-ci, qu'il supprimerait les cotisations à la Sécurité sociale des salariés, de même que les charges sociales des entreprises. Le coût du travail baisserait d'un tiers pour ces dernières ; les revenus salariaux grimperaient de 20 % ; avec toutes les conséquences sur la consommation et sur la production de biens.

On objectera que plus un seul investisseur étranger ne viendrait s'aventurer en France. Mais, au taux actuel d'imposition de 34 % sur les bénéfices, le solde étant réexporté par ces mêmes investisseurs dans leur pays d'origine, où est, à l'heure actuelle, le vrai bénéfice pour l'emploi et le pays ? Bien entendu, Bruxelles s'opposerait. Mais Bruxelles, quand le sort du pays est en jeu…

L'état actuel de la France suppose une reprise en main radicale par l'État de l'outil économique. Non pas en re-étatisant, encore moins par des nationalisations, mais en soutenant de formidables plans d'investissement.

Cela suppose des ressources considérables, outre la résorption du déficit et de la dette publique. Comment les inventer, les générer ? On ne peut, par définition, imposer que la richesse. Ce serait pure justice que toute richesse soit imposée de la même manière, au même taux. Il n'en est rien. Le travail est davantage sollicité que le capital. En tant que salarié, je paie 25 % de charges sociales, et 30 % d'impôt sur le revenu, soit 55 % de ce que je gagne. Les bénéfices industriels et commerciaux, les revenus mobiliers et immobiliers sont imposés à un taux inférieur. Autre différentiel : quand j'acquiers un bien, achète un service, je paie 20 % de TVA. Les entreprises, elles, la récupèrent.

J'ai le bonheur de vivre ma citoyenneté en France avec tous mes semblables sur un pied théorique d'égalité. Pour le retour du bonheur de ce vivre ensemble, que ce qui m'est demandé soit demandé de même à tous. Que ma contribution au pays soit celle de tous, et je serai un citoyen heureux.

## Bref regard sur la face noire de l'humanité

Contrôler, soumettre ses passions, disais-je. Mais se soumettre à l'ordre du monde, non, en aucune façon. Je n'abdiquerai jamais de ma volonté d'être un militant de la liberté et de la fraternité, d'être un citoyen du monde, face aux adversaires et aux ennemis du genre humain.

Comment vivre cette passion pour la liberté dans le monde d'aujourd'hui, lorsque l'on crie dans les rues de Paris « Mort aux juifs » ? Lorsqu'en Syrie et en Irak, les hérétiques du Califat islamique tuent avec délectation les chiites ou les chrétiens, en se revendiquant haut et fort comme de purs barbares ? Quand le dirigeant d'une grande nation, tel Hitler avec l'Anschluss, annexe, à la barbe de l'Europe la Crimée ukrainienne ? Qui peut accepter cette insulte à ses frères humains, cette régression du spirituel à l'animalité, cette religion de la force ?

Je ne suis pas de ceux qui, face à l'horreur du monde, baissent le son de la télé, oublient les massacres à grand renfort de Coupe du monde de football, préparent, toutes affaires cessantes, leurs vacances à Ibiza. Comment s'accommoder de l'horreur sans perdre une part de son âme ? Il est de nouveau minuit dans le siècle, ou presque. La résignation sous couvert d'impuissance, la résistance passive ne sont plus de mise. L'heure, de nouveau, est à la résistance consciente ; la ligne de front, chaque jour un peu plus, passe à travers chacun de nous. Il faut s'en convaincre. S'y préparer. Pour que le monde ne bascule pas.

Ce qui se passe en Irak, avec la formation du Califat islamiste à la pointe des canons et des sabres, est sans précédent. Ces fanatiques qui tuent avec transport tout ce qui, à leurs yeux, ressemble de près ou de loin à un hérétique, sont les premiers Modernes à se revendiquer haut et fort comme de purs barbares. Les Nazis avaient montré la voie, s'abritaient derrière la défense de la civilisation, le bien de l'humanité et l'avenir de la race pour ostraciser ceux qui, disaient-ils, menaçaient ces piliers de leur idéologie mortifère, avant de les tuer dans l'ombre. La peste brune a rendu possible la peste verte. Les suppôts de Daech ne s'embarrassent pas de paroles et appellent fièrement leurs crimes des crimes. Le meurtre de masse devient un rituel religieux, une grand-messe à ciel ouvert, une cérémonie joyeuse et sacrificielle, quand les Nazis, eux, exterminaient aussi, passée la Shoah par balles, dans le secret des camps de la mort. Un seuil de plus a sauté, dans la régression de l'humanité au pré-humain, à l'animalité sauvage. Plus d'infra-conscience, plus de dissimulation honteuse. On est entré dans l'ordre du Mal absolu, sous l'invocation et le sceau de Dieu. Des croyants tuent au grand jour, sous les caméras, d'autres croyants par amour de la barbarie, et publicisent partout leurs forfaits pour mieux terroriser leurs futures victimes. Le monde en est là. Il aura fallu douze ans pour écraser la vermine nazie. Écraser le califat islamiste est une condition nécessaire mais pas suffisante. En finir avec cette résurgence fasciste, qui s'autorise de la religion à la place de la race, sera une tâche gigantesque, de longue haleine, qui se joue en termes de justice économique et de liberté politique des opprimés par les dictatures militaires et oligarchies pétrolières dans le monde arabo-musulman.

Variante, avec raffinements, en Syrie. On viole la femme devant son mari, puis on tue devant elle et son mari leurs enfants, et pour finir on tue le mari devant elle. Elle, pour mieux la détruire par la folie, on la laisse en vie.

La conscience universelle se révulse. Les grands responsables des religions du Livre, musulmans en tête, condamnent sans réserve. Mais à la Courneuve, à Bobigny, à Rosny, à Sarcelles, ailleurs en France, nombre se taisent ; certains même approuvent. Des centaines de jeunes Français sont partis et partent des banlieues françaises rejoindre en Syrie les rangs de la barbarie. Que dire, quand, dans ces mêmes banlieues, les arrières petits-enfants des victimes de la Shoah sont l'objet quotidien de brimades et d'insultes, qu'on les rend responsable de ce qui se passe en Palestine, devant des enseignants qui, au mieux impuissants, laissent faire, au pire « comprennent ». On en est là. En France.

Le chaos du monde et le goût du bonheur s'entrechoquent. Comment jouir de la vie malgré tout ? Quelle part doit-on faire aux choses ? S'indifférer, se blinder ? Se mobiliser.
Notre frontière privée avec le monde extérieur, ses bruits et ses fureurs, n'est plus de mise.

## Faut-il mourir pour renaître ?

En pleine deuxième guerre mondiale, réfugié aux États-Unis, l'économiste autrichien Schumpeter, s'inspirant de Marx et de ses meilleurs disciples, inventa le concept de destruction créatrice, qui caractériserait les systèmes de production modernes. En premier lieu, le capitalisme, dont l'esprit d'entreprise et l'innovation incessante, et son corollaire l'obsolescence programmée, forment la base théorique et pratique. Ces deux faces jumelles du capitalisme sont la clé de son succès, face aux modèles fixistes des sociétés traditionnelles ou, à l'inverse, aux utopies collectivistes contemporaines. L'avenir ne se forge, ne promet des lendemains qui chantent, qu'à mettre sans cesse au rancart, au rebus, ce qui le précède, via un processus accéléré de destruction-régénération sans fin, par le biais des innovations de tous ordres, mais aussi des crises, des révolutions et des guerres, qui génèrent autant de neuf qu'elles détruisent d'existant.

Dans toutes les sociétés initiatiques, on retrouve cette idée de destruction créatrice, à travers, par exemple, la recommandation faite aux impétrants qu'il leur faudra mourir à l'état de profanes pour pouvoir renaître à l'état d'initiés.

De même, il se sera agi pour l'adolescent empêché que j'étais, de dépasser et mettre à mal, à tout le moins entre parenthèses, ses complexes physiques et intellectuels, pour commencer son métier d'homme. Puis, chose (plus ou moins) faite, j'aurai à déconstruire, brider, faire reculer l'homme passionnel qui était en moi, pour faire accéder et laisser place au sage, à l'homme de vertu et de mots que je tente d'être.

Pour progresser sur la voie du bonheur, soumettre sa volonté et, plus encore, contrôler ses passions, est un impératif. Ce qui implique de désespérer du réformisme et appeler de ses vœux la révolution.

Il n'y a pas de vrai salut, pour les individus comme pour les sociétés humaines, dans la volonté de réformer le monde où nous vivons, soumis à l'ordre soi-disant des choses. La réforme ne touche pas à l'essentiel. Seule la révolution remet en cause les fondements de la vie en commun. Le réformisme adapte, la révolution change. Les révolutionnaires ont même poussé l'ambition à l'extrême, jusqu'à vouloir « changer l'homme en ce qu'il a de plus profond » (Mao), avec les résultats monstrueux que l'on sait.
À défaut de révolution (en ce qui me concerne, démocratique…), car la question ne se pose pas à l'échelle des individus mais de la société tout entière, je pratique chez Mauboussin un capitalisme à visage humain, tout en rêvant aux promesses et aux utopies généreuses de mai 1968.
Le capitalisme n'aura eu de justification qu'à prétendre que tout, non seulement, était possible, mais que cela l'était pour tout le monde, au bénéfice de tous, du haut en bas de l'échelle. Le bien-être était promis pour tous, le partage des richesses serait équitable. Ce qui s'est avéré plus ou moins vrai durant les Trente Glorieuses, où la France d'après-guerre était à reconstruire et à moderniser, de même qu'aux États-Unis après la Crise de 29, sauvés par le New Deal puis l'économie de guerre, ou encore dans les pays sortant du joug colonial ou d'une longue léthargie comme la Chine, où tout restait à faire à partir de zéro ou presque, pour entrer dans le monde moderne de la production et de la redistribution des richesses. La prétention progressiste du capitalisme se vérifie dans ces périodes de reconstruction d'après-conflits d'après crises, ou d'accès à l'indépendance.
À ces exceptions près, la machine inégalitaire qu'est le capitalisme

fonctionne à plein, et aujourd'hui plus que jamais, où, ainsi que le démontre Thomas Piketty dans son *Capitalisme au XXIè siècle*, les revenus patrimoniaux surfant sur la rente financière et la rente immobilière, laissent sur place les revenus du travail et de l'investissement productif. La majorité des populations reste sur le bord de la route.

L'idée de révolution suppose la mise à mort de l'état précédent, condition d'accès à un état tout autre. À cette idée de rupture sans retour, on oppose classiquement l'immutabilité de la nature humaine. Les hommes sont de toute éternité les mêmes, l'égoïsme individuel est premier, nous ne serons jamais des saints dévoués au bien commun, faisant passer autrui avant soi-même. Me first. *Homo homini lupus* ; l'homme est un loup pour l'homme. Il est indéniable que l'idée de révolution a un caractère religieux, quasi christique. Faire passer l'autre avant soi, aimer son prochain plus que soi-même, être le frère de ses semblables, est implicite à l'idée de révolution en vue d'un monde meilleur. Guérir l'homme de lui-même, l'affranchir de sa passion pour soi, de son ego forteresse, pour l'affecter enfin à des fins collectives, universalisables. De l'autonomie à l'hétéronomie. Sortir d'un système inégalitaire, en finir avec la division riches-pauvres, en finir avec la lutte de tous contre tous à l'échelle individuelle, et la lutte des classes à l'échelle collective, aller vers la fraternité et l'égalité universelles, repose sur la mise entre parenthèses du moi, sur l'abstraction de soi. Vaste programme, aurait dit le général de Gaulle…

*Omnia ab uno, omnia ad unum.* Tout vient de l'un, tout tend vers l'un. Ou encore : tout vient de Dieu, tout tend vers Lui, Dieu étant l'origine et la fin, le principe et le but.

On pourrait, moyennant quelques inflexions, transférer la formule à l'idée de révolution.

Tout vient (aussi) des autres, tout tend vers Autrui. Pas de salut, disais-je plus haut, dans la réforme, pas de salut si les fondements de l'inégalité ne sont pas détruits. Faute de quoi, l'idée d'un monde meilleur n'est qu'un vœu pieu, un fantasme sans prise sur le réel et qui ne coûte rien, que des paroles sonores et des effets d'annonce. De ce monde meilleur, on n'en prend pas, c'est peu de le dire, le chemin, en ces temps retrouvés d'un capitalisme redevenu sauvage. Les effets ne se sont pas fait attendre : le djihadisme est le produit d'un ordre mondial basé sur l'inégalité. Face aux participants, représentants des États, patrons des grandes multinationales et des grandes institutions financières occidentales et asiatiques, se syndiquant en une étroite symbiose au Sommet de Davos, cette grand-messe de l'inégalité, il faudrait que les peuples dominés vivant sous la férule du capitalisme mondialisé, opposent un Sommet de Dacca, de Kinshasa ou de La Paz qui ne se bornerait pas à la contestation du désordre établi, mais inverserait le rapport de force entre les puissants du monde et les éternels damnés de la terre.

Les masses ne suffisent pas. Au mieux (Spartacus) et parfois pour le pire (les chômeurs allemands des années trente se donnant à Hitler), les masses se révoltent, tentent de faire voler le système en éclat, adoubent bientôt un chef autoproclamé qui, au prix de leur servitude, et au nom de la guerre des races, des religions ou des classes, leur promet leur revanche, la suprématie et des lendemains, ou – le Califat islamiste – des avant-hiers qui chantent.

L'idée de révolution, elle, est toujours née au sein des élites éclairées qui, à la trilogie symbolique incarnée par un roi, chef religieux ou tsar, réunissant le pouvoir politique, sacerdotal et prophétique dans sa seule personne, inventèrent, en 1789 en France, en 1917 en Russie, plus tard dans les pays colonisés, l'idée du peuple souverain et missionnaire, doté d'une mission régénératrice. Un homme nouveau, nécessairement, naîtrait… Les Printemps arabes ont échoué à coaliser ces trois constituants séculiers. Seul le nouveau Califat d'Irak, qui tente de remonter le cours de l'Histoire à l'envers, a ressuscité avec succès cette trilogie, dans sa version sacrée et purificatrice.

Si les révolutions radicales ont presque toujours engendré la terreur (1793 en France ; le Goulag stalinien ; le Laogai chinois ; le génocide des Khmers rouges ; le Califat aujourd'hui), faut-il, par défaut, se résoudre au réformisme et faire son deuil de l'idée de révolution ?

La société se répartit en quatre groupes : les gestionnaires de la Cité, les producteurs, les marchands, les artistes et les hommes de savoir. Où se fait la révolution, qui en décide, qui la met en œuvre ? Les préposés au savoir la pensent, les politiques la mettent en œuvre, les marchands et les producteurs la suivent ou la subissent.

J'ai, comme beaucoup de jeunes gens de ma génération, désiré la révolution. Depuis, les Nouveaux Philosophes ont démontré, Histoire sanglante du XXe siècle à l'appui, ce siècle des totalitarismes, que la révolution n'est plus désirable, que, loin de libérer de l'oppression (économique), elle en produit une plus grande encore (politique), et que la volonté de guérir le monde des maux qui l'affligent comme on soignerait un malade avec la bonne médecine, et la volonté de le purifier sont une seule et même idée meurtrière. La pureté est toujours dangereuse.

Guérir l'homme de sa condition imparfaite serait impossible. Les religions, qui disent toutes peu ou prou que le bonheur n'est pas de ce monde, qu'il faut prendre sa condition et son mal en patience, se contenter de ce qui est, dans l'attente d'un ultramonde réparateur, seraient, en elles-mêmes, des écoles de réforme.

Seul l'amour s'oppose à cette fatalité que le monde n'est pas changeable. Tout être saisi par l'amour croit à la force du changement. Pour lui, pour l'autre ; se heurterait-il plus tard au déclin, à l'usure des passions.

Je ne fais pas partie du monde des artistes et des sachants, ni du monde politique, je fais partie du monde des marchands et des producteurs. Je suis de la Cité des marchands. Je suis, à cet égard, barré, si je puis dire, de la charge de l'idée de révolution, qui, pour autant, demeure ancrée en moi. Le bonheur pour tous dont je crédite le rêve d'une révolution de l'égalité est donc du domaine de l'attente indéterminée et peut-être infinie. Ce bonheur fraternel qui se dérobera toujours, je le sais, le temps de ma vie, ne peut être atteint, hic et nunc, ici et maintenant, par moi que dans la communauté des bien-aimés. Et je l'y ai trouvé.

Je reviens à cette phrase *Omnia ab uno, omnia ad unum.* Outre son sens religieux, ne peut-on pas entendre, puisque l'homme est à l'image de Dieu, que tout part de moi, que tout va vers moi (ou y revient) ? Le vrai sujet du monde, c'est soi. Ma préoccupation dans l'existence, c'est moi. Ce qui entraîne que le souci de soi, pour ne pas dire le souci égoïste de soi, est la condition de tout, à commencer par ce qui nous occupe ici : la recherche et la poursuite du bonheur.
Ce souci égotiste du bonheur est contraire à cette abolition de la subjectivité et de son intérêt personnel que suppose la dévolution à l'idée de révolution. Reste qu'à la fin du jour, à la fin de sa journée d'homme sur la terre au sein de ses semblables, on est seul sur sa propre route, enveloppé dans son ombre. Retour à la case départ.

Unir l'idée du bonheur à sa main, à sa porte, pour soi et les siens, avec cette idée – révolutionnaire – du bonheur pour tous : cette équation – et même cette adéquation – a animé des générations d'authentiques amis du genre humain, des militants admirables de tous ordres, même si leurs rêves de fraternité et d'égalité ont été trahis et piétinés par les appareils d'État totalitaires qui les avaient confisqués au nom même de la révolution. Se référant à la Révolution française et à la Terreur de 93, *Les Dieux ont soif*, prophétisait Anatole France à l'aube du XXe siècle, qui lui donnerait tragiquement raison.

Reste que nous sommes d'abord les mercenaires de notre propre cause. Mais si nous entendons être, par-delà nous-mêmes, des combattants de l'égalité dans la liberté, la nôtre passe encore et toujours par celle d'autrui.

## Le bonheur d'être Français

En ces temps incertains de crise politique et morale autant qu'économique et sociale où la France doute d'elle-même, on n'a jamais autant parlé d'identité sur les rives de la Seine et dans nos provinces si françaises. Mais qu'est-ce que l'identité ? Y a-t-il une identité française, voire une identité « bien française » ? On a voulu à toutes forces la définir et l'encadrer pour en faire un drapeau, et ce fut, Dieu merci, en pure perte. Cette identité au forceps est, Dieu merci, restée introuvable. Tant elle est plurielle. En revanche, il y a la France, la vaste tribu des Français d'origine et des Français d'élection, et l'appartenance à cette famille cosmopolite, à ses valeurs républicaines. Cela, seul, existe. C'est la seule réalité.

Raymond Aron a dit un jour : « Je suis plus proche par la culture d'un antisémite français que d'un juif polonais. » Je ne suis pas d'accord. Les antisémites français ne font pas partie de ma tribu France. Ils sont la France de l'anti France. De même que d'autres minorités françaises, je suis juif dedans, français dehors, je ne me suis jamais senti étranger dans mon propre pays. Je considère qu'un type qui dénie à l'autre son droit d'appartenir à la communauté nationale en raison de son origine ou sa religion, s'en exclut lui-même. Il n'y pas plusieurs France, celle des miens, et celle des autres. Le droit du sol suppose par définition qu'on ne le refuse pas à ceux qui sont nés dans notre pays, sous prétexte de leur origine étrangère, sauf à se le refuser à soi-même et mériter d'être banni du sol commun.

Mes parents étaient de purs républicains. Comme, hélas, l'école et nos institutions si mal en point n'en fabriquent plus, ou presque. L'école, alors, était républicaine, c'était encore la France de Jules Ferry et des Droits de l'Homme, avec ses cours d'Histoire de France et d'éducation civique. Mes héros étaient Saint Just, Robespierre, Napoléon, Jaurès. Il y avait une carte muette de l'Hexagone au mur de la classe. On devait apporter à la maîtresse les étiquettes des boîtes de fromage et des vins de toute la France. On devait désigner du doigt sur la carte le nom des fleuves, des villes, des montagnes. Et si les habitants de nos provinces, symbolisés dans le manuel d'Histoire par leurs costumes traditionnels, parlaient encore souvent avec l'accent des terroirs, cette bigarrure française se fondait en un tout, de même que la marqueterie des paysages français. Nul hasard si l'impressionnisme est né en France.

Si j'avais à refaire aujourd'hui la même carte de France, je la referais avec les soixante directrices des boutiques Mauboussin et mes meilleures clientes. Avec Magalie, son accent et son enthousiasme de Marseille. Il y aurait, à Lyon, le visage de Corinne, qui donne à cette ville des fleuves la puissance de sa majesté. Il y aurait Marylin et Karine, de Lille, qui incarnent la diversité et la fierté des régions du Nord, aux côtés des Ch'tis. Mais il y aurait aussi, pour Nice, ses petits farcis (tomates, courgettes, aubergines, poivrons, farcis de viandes et d'épices et cuits au four). Il y aurait, bien sûr, l'incroyable bouillabaisse de mon enfance engloutie sur le Vieux Port de Marseille. Il y aurait, à l'endroit de Biarritz, la silhouette de l'Hôtel du Palais, où l'on déguste en regardant l'océan un incroyable agneau de lait arrosé de Saint-Émilion, non moins qu'à la place de Toulouse, dans la petite rue derrière le Musée des Augustins, je figurerais un plat de cassoulet, à Gevrey-Chambertin, le Gevrey-Chambertin, la choucroute à Berkheim, dans une petite auberge, la seule existante encore, où j'eus le pincement au cœur de croire que le gewurtztraminer de chez Müller provenait d'une parcelle cédée par mon grand-père parti à Paris en 1870 car il refusait de devenir allemand après l'annexion de l'Alsace par l'Empire germanique.

J'aime la tomme d'Auvergne, la tomme de brebis et de chèvre en Normandie, à côté des Pont-l'Évêque et camemberts que je mangeais à Saint Aubin sur Mer près de Caen avec mes parents certains week-ends d'automne. Grand voyageur aérien au bout du monde pour mes affaires, je n'ai aucune appétence, en revanche, pour entreprendre de me promener si loin de France, quand celle-ci m'offre ces ballades à domicile dans ma langue, dans mon histoire et ma mémoire.

Oserais-je dire que les principaux monuments de France à mes yeux sont le Gevrey-Chambertin donc, le Saint-Émilion, la tomme de Savoie et peut-être le Nuits-Saint-Georges, bien avant le Louvre et autres Chambord ? Surtout si à côté de ces bâtisses en majesté, il y en a une plus modeste, un petit restaurant, un troquet même, avec la voix du patron sur la serveuse qui m'apporte les bienfaits simples de l'endroit.

Question grandeur des pierres, je n'en préfère pas moins la Tour Eiffel à la Statue de la Liberté, la Place des Victoires à la Piazza Navona, Aznavour à Frank Sinatra, Cabrel à Donovan, Brassens à Bob Dylan.

L'incroyable diversité française, la multiplicité de nos origines, la bigarrure du pays, l'individualisme généralisé jusqu'à l'anarchisme sont la source même de nos libertés et de notre goût inné pour la liberté. Ce qui est réconfortant en France, c'est de trouver tant de matière à s'y révolter, à s'indigner : contre les inégalités, les pratiques religieuses excessives, le racisme, etc. Tant que je pourrai dire cela à satiété, m'indigner, protester, je me dirai qu'il fait bon respirer en France. Tant que je pourrai m'extasier sur la beauté en herbe des jeunes filles de dix-huit ans sans me faire agonir sous le chef de sexisme, vanter la beauté épanouie des quadragénaires, dire mon émotion aux femmes qui restent belles à tout âge, c'est que je serai toujours dans la France d'Aragon, d'Eluard, de Verlaine et Rimbaud. Et puis, pour avoir été parmi les premiers à reconnaître le mariage gay, et avoir conçu une bague à cet effet, je suis aussi de ceux qui disent que ceux qui trouvent à y redire ont la pleine liberté de le dire non moins que moi.

Le bonheur d'être Français est un bonheur idiomatique. Celui de parler et de pratiquer une langue aux nuances infinies, de lire ces Princes des mots que sont Montaigne, Rabelais, Rousseau, Voltaire, Sartre, Aragon, Druon, Kessel, Houellebecq et puis aussi ces « étrangers », Irène Némirovsky, Samuel Beckett, ou encore, plus près de nous, François Cheng ou Marek Halter, ces témoins d'un autre temps, venus d'un autre monde, d'un autre siècle et qui font honneur à la France dans sa langue qu'ils ont faite leur.

Et puis il y a aussi les Français. Je me sens bien avec eux, même avec ceux avec qui je ne suis en rien d'accord. La France est le pays bien connu de la grogne, de la forte dispute, de l'excommunication mineure et majeure et même de la guerre civile dans les idées, mais non, paradoxalement, de la rancune. À la différence de l'Amérique où, comme le disait Scott Fitzgerald après sa chute, « il n'y a pas de deuxième chance dans la vie d'un Américain », on a en France une immense capacité d'oubli. Nous sommes le pays roi du come-back. Et non moins le pays du défi. Défier les autres ; péter plus haut que notre postérieur, pour, en vérité, nous défier nous-mêmes, serait-ce en mots. Ce pays qui a inventé le droit d'ingérence, j'aime beaucoup que nous donnions des leçons au monde entier, nous qui les suivons si peu, si mal nous-mêmes. Mais nous avons la conviction d'avoir raison pour les autres, et c'est déjà très bien. Nous sommes les champions du monde de l'alternance politique, quand nous ne rêvons que d'unité nationale. Il y a longtemps en France que nous avons choisi d'être cigales plutôt que fourmis. Nous sommes le pays des déficits, sauf du déficit de bien-être, du bien s'aimer et du bien se déchirer. Et puis en France, on est toujours à moins de deux heures du soleil, le pays est coupé en deux, il n'y a pas un temps uniforme. La France n'est pas en uniforme.

Mais par-dessus tout, ce que j'aime le plus de la France, c'est la République et c'est la Nuit du 4 août. Je ne cesse de m'élever contre ceux qui ne cessent de l'oublier. Et quand, bien obligés, ils finissent par s'en souvenir, c'est trop tard pour eux. Tant pis. Je ne les pleurais ni ne les pleurerai pas.

## Onze Français, dont un Japonais

Il y a parmi tous mes concitoyens, onze Françaises et Français qui me donnent, à leur façon, plaisir à être du même pays que moi. J'aurais pu aligner une brochette magnifique de chercheurs, de scientifiques, de mathématiciens, de grands médecins, de Professeurs au Collège de France, d'ingénieurs de haut vol, de grands commis de l'État, d'artistes et d'écrivains « que-le-monde-entier-nous-envie ». J'ai choisi plus simplement ces figures types, connues du public, qui par bien des côtés, nous parlent et parfois même nous ressemblent.
Ces onze Français sont un peu notre miroir, les voici.

Je ne connais pas Bernard Arnault. Je suis assez bluffé par l'homme et sa compréhension de la place que le rêve occuperait dans l'évolution de nos mœurs. L'accessibilité au luxe, c'est largement lui. Il a inventé le *dreamketing*, la mise en œuvre du rêve et sa vente savante. Dans ce registre, il y a ceux qui font bien leur métier (L'Oréal) et ceux qui le révolutionnent.
« Casse-toi, riche con ! » a titré le journal *Libération* quand Bernard Arnault a manifesté des velléités d'expatriation fiscale. Je porte le même mépris à ceux qui, dans les stades ou sur les Champs-Élysées, sifflent la Marseillaise, et aux exilés fiscaux. Restez, Arnault, l'a-t-on sommé de toutes parts. Il s'est repris, est resté, a ouvert la fondation Vuitton au Jardin d'Acclimatation construite par Frank Gehry, s'est racheté.

Vincent Bolloré est le seul à me réconcilier avec la race des héritiers. Il avait déjà un nom, il s'est forgé un prénom. À la différence de ces lignées où les descendants sont un lointain reflet des fondateurs et des pionniers, cet anti-Tapie qui prend ses risques, se casse la figure et rebondit avec son propre argent et non celui des autres, des banques ou de l'État, a construit sa puissance et sa richesse, dans ce monde des Affaires peuplé trop souvent de spéculateurs, sur de vraies aventures industrielles, et démontré que l'audace et le risque étaient des métiers à part entière.

Sophie Marceau. La minette devenue une femme belle, désirable, intelligente, indépendante, maîtresse de sa vie, de ses amours. Nul hasard si elle incarne pour beaucoup la femme française, un bel objet qui est tout le contraire d'un objet.

Dominique Strauss-Kahn. Mon opposé moral. L'homme qui ne cache pas ses turpitudes. « La justice ne se mange pas en salade ». Mais un des rares experts français de l'économie mondiale. « Tous les hommes ne sont pas des anges ». C'était le titre d'un film américain, dans ma jeunesse. Je ne me rappelle plus de qui, ni avec qui.

Yvan Levaï est un homme avec qui je me suis souvent réveillé le matin. Sa chronique à la radio, intuitive, honnête, dite d'une voix chaleureuse, m'apparaissait comme un récit d'histoire écrit au mode présent. J'ai déjeuné plus tard avec lui. Profondément attaché à Israël, il n'a jamais abordé la question israélo-palestinienne sans affirmer l'obligation pour l'État hébreu de résoudre dans la justice la création d'un État palestinien. J'aime ces hommes, modérés de gauche, qui ont fait de l'humanisme à la française notre meilleure carte d'identité.

C'est un Français made in France. Le personnage est controversé. D'aucuns lui reprochent une agitation permanente, et je n'aurais pas risqué ce portrait s'il était toujours ministre. J'ai beaucoup apprécié l'homme, nous avons dîné deux fois en tête à tête, le reste du temps c'était en public. Nous nous sommes, je crois, compris. J'ai été frappé par sa passion et son amour de la France, qui ne le cèdent en rien aux miens. Notre premier dîner a tourné autour de la reconquête du marché français. Nous sommes tombés d'accord que le problème de la France était de manquer cruellement de ces grands projets gaulliens de jadis – TGV, Concorde, Plan calcul, Paquebot France, le nucléaire etc. – et d'être plus que jamais sous la coupe de cette noblesse d'État, véritable État dans l'État, qui gouverne dans l'ombre et dont les politiques ne sont que les paravents et les exécutants dociles.
Arnaud Montebourg est un patriote et un républicain, avec en plus l'enthousiasme désordonné d'un sans-culotte. Une culotte made in France.
Le second dîner me convainquit – quelle que soit son ambition personnelle, et elle ne semble pas mince – que ce sans-culotte, en effet, est un produit Made in France. Il réunit en lui les qualités et les défauts qui passent pour être souvent les nôtres. Individualisme, arrogance, agitation, électron libre, imaginatif, courageux, sens du devoir, verbe haut, coq gaulois, Montebourg me fait penser avec un brin d'imagination de ma part mais non sans quelque fondement, à ces tribuns passionnels et passionnés qui firent la République, dans la lignée des Saint Just, des Danton et des Gambetta.

J'ai été décoré par Christine Lagarde, ministre des Finances, de la Légion d'Honneur dans son grand-duché, à l'époque, de Bercy. J'admirais le personnage public, la femme élégante, un peu hautaine, son caractère froid et distant, qui sied aux ministres d'État. Ce soir-là au restaurant, la femme élégante était chaleureuse, souriante, pleine d'humour, elle me raconta à ma demande son parcours de manager français à l'international dans un univers anglo-saxon. Sa différence entre elle et ses collègues étrangers n'était pas la compétence en soi mais son savoir sans égal à fédérer des équipes cosmopolites, en laissant les particularismes et les individus être eux-mêmes, sans les fondre dans un collectif où tous les chats sont gris. Ce particularisme est une spécificité française, au contraire des États-Unis qui prisent l'archétype et le semblable. Les Américains l'avaient compris, ils lui confièrent la direction d'un des plus grands cabinets d'avocats internationaux. Cette carrière exceptionnelle dans un monde d'hommes l'a portée aujourd'hui à la tête du FMI. Mais Christine Lagarde restera pour moi celle qui, en remettant la légion d'honneur au joaillier que je suis, conclut la cérémonie en déclamant :

La très chère était nue, et, connaissant mon cœur,
Elle n'avait gardé que ses bijoux sonores,
Dont le riche attirail lui donnait l'air vainqueur
Qu'ont dans leurs jours heureux les esclaves des Mores.

Intriguée autant qu'émoustillée, l'assistance reconnut avec des rires entendus le parfum vénéneux des *Bijoux* baudelairiens dans la bouche d'un ministre d'État.

Jean-Marc Mormeck, l'interrogateur de la Saint Sylvestre.
J'avais lu *Philocalie* (l'amour du beau, en grec ancien), un album où Valérie et G., en guerre contre la laideur contemporaine sous toutes ses formes, réunirent sur le thème de l'embellissement du monde, un florilège d'écrivains, d'artistes, de politiques, d'urbanistes, d'architectes et de défenseurs du patrimoine.
Parmi eux, le texte d'un boxeur me fit découvrir son auteur, Jean-Marc Mormeck.

Jean-Marc Mormeck est né dans une cité du « 9-3 ». Il a été le type qui veille à la porte du MacDo, videur dans une boîte de nuit, « grand frère » dans les bus de « banlieues à problèmes », il lui est arrivé, pour « faire baisser la température », de distribuer quelques coups de poing mérités.

J'ai fini par rencontrer Jean-Marc Mormeck grâce à Valérie, qui voulait que j'exprime mon vieux fond de rébellion sociale en choisissant pour une publicité cet homme venu des « cités », comme moi, avant lui, d'Asnières. Cela posait plusieurs problèmes. Prendre pour égérie masculine ce boxeur noir, champion du monde lourd léger, démontrait par son histoire son travail, son courage et sa probité, que la méritocratie n'est pas un vain mot, dans une société ouverte, le serait-elle de moins en moins aujourd'hui. Mais je ne savais quel produit lui faire porter.

Mormeck et moi partagions les mêmes idéaux de fraternité, nos faiblesses et nos espérances nous étaient communes, et j'avais envie que nous fassions un bout de chemin ensemble.

« C'est quoi la montre que tu as au bras ? Je peux l'essayer ?

– C'est juste un prototype, que j'ai baptisé « Énergie vitale ». Vu la différence de nos poignets, tu vas tout juste pouvoir te la passer au doigt.

– Pas grave, je l'essaye.

Mormeck se la passe au poignet.

« J'en voudrais bien une pour moi.

– Ce n'est pas elle qui sera à toi. Ce sera toi, si tu veux bien, qui serait à elle.

– OK.

– Mais la boxe est tout de même assez peu « Mauboussin ».

– La boxe oui. Mais pas la boxe Mormeck.

– Explique.

– J'ai passé ma vie de champion à me battre contre des hommes mais encore plus contre la corruption du milieu, à aider à la réinsertion des délinquants par la boxe dans les prisons, à l'encadrement des enfants dans les cités par le sport. »

Mormeck sera « l'homme Mauboussin », une figure qui exprime la beauté du corps et la noblesse du cœur, sur les murs des villes de France et dans les stations du métro parisien.
Je l'invite à une soirée Mauboussin chez Castel pour fêter un 30 décembre la Saint Sylvestre avant la Saint Sylvestre. Vers 2 heures du matin, alors que nos invités sont partis, moi devant une bouteille de champagne et lui devant un perrier, Mormeck me dit : « Puis-je te poser une question ?
Moi, l'esprit embrumé :
– Une question ? C'est quoi ta question ?
– Si demain était ton dernier jour, tu ferais quoi ?
Par niaiserie, par goût de la provocation et aux antipodes de ce que je crois, je réponds :
« J'irai aux putes.
– Tu te moques de moi ? Pourquoi aux putes ?
– Pas du tout, parce que ce serait les seules, je crois, avec qui je pourrais pleurer de désespoir et de plaisir de quitter la vie. Et toi ?
Je sens sa désapprobation :
« J'irais dans le temple le plus proche, une église, une synagogue, une mosquée, pour me rapprocher une dernière fois de Dieu. Car après, je ne sais pas. »
J'eus le souhait imbécile d'avoir le dernier mot.
« Si tu n'es pas sûr d'être en présence de Dieu le lendemain, pourquoi te presser ? »
Mormeck éclate de rire, me tape sur l'épaule avec commisération, et part sans un mot.

J'ai rencontré Bernar Venet lors d'une *charity*. Il était à ma droite. Je le tenais pour le dernier témoin de l'école de Nice, Arman, César, Ben, ses grands aînés.
Pour engager la conversation, je lui dis :
« Vos milliers d'équations au plafond du grand couloir de la

Cour des Comptes, ont une signification ?»
– Oui, Monsieur. Une signification esthétique. Seul le mouvement des signes m'intéresse. J'ai tracé une mélodie dans l'espace.
-C'est un peu comme les courbes de vos sculptures ?
– Tout à fait.
Le dîner reprend, sans aucun échange entre nous pendant vingt minutes. Il se penche soudain vers moi.
« C'est rare dans ces dîners que je ne fais pas c... C'est rare de rencontrer quelqu'un qui me pose une bonne question sur mon travail. »
J'attends dix minutes à mon tour et je lui demande :
« Vous faites dans l'infiniment grand, vous avez déjà fait dans l'infiniment petit ?
– Oui, pour ma femme qui a la plus belle collection de bijoux d'artistes.
– Vous avez fait des bijoux ?
– Oui pour elle, mais jamais pour les autres. Je veux rester un sculpteur. »
Nous ne sortîmes plus du silence jusqu'à la fin du repas.

Quelques mois plus tard, Venet vint me voir place Vendôme. Il préparait une grande exposition au palais de Versailles, après Jeff Koons, Murakami et quelques autres, et il était à la recherche de mécènes.
Monumentaliste, s'il en est, Venet, qui ne jure que par Dan Flavin, Richard Serra et autres conceptuels américains, a peuplé de ses barres d'acier géantes, courbes, torsadées, circulaires ou droites, places et esplanades à Nice, Cologne, Hong Kong, la Défense, Berlin, Tokyo, Dallas, sans compter les Fondations, les Universités et les musées d'art contemporain un peu partout dans le monde.
Venet à Versailles m'explique que ce seraient sept pièces totalisant 250 tonnes d'acier corten, dont un bouquet de deux paires

de huit arcs de huit tonnes chacun, et de 22 mètres de haut, se touchant entre eux. Le tout encadrant la statue équestre de Louis XIV sur la Place d'Armes devant le château.
Je lui dis oui. « Je suis extrêmement sensible à la fluidité des lignes dans l'espace. J'y vois la même fluidité que les lignes des corps des femmes sur lesquels je crée mes pièces de joaillerie. »
Je participerai pour une somme non négligeable à l'opération « Venet à Versailles ». Il m'offrira deux œuvres. L'une orne mon bureau, l'autre une pelouse de D.F., dans le midi. J'ai revu Bernar Venet sur ses vraies terres, dans son moulin vers Draguignan, avec ce parc aux statues – statues si l'on peut dire –, où ses œuvres voisinent avec les grands minimalistes américains.
Certains feront à Bernar Venet le reproche de faire trop grand, de faire trop de promesses, d'en oublier certaines. Je lui ai fait le crédit d'en tenir suffisamment pour qu'il soit qualifié de « généreux ami », dont le talent a permis à l'enfant très pauvre qu'il était de devenir la star gentiment mégalo d'aujourd'hui.
Bernar Venet rêve de cercler un Arc majeur sur une autoroute, immense anneau dans l'espace reposant sur un socle de 700 tonnes de béton et, si l'État et les militaires français y consentent un jour, de poser une barre de soixante-dix mètres sur l'Arc de Triomphe à Paris…

Je ne raconterai pas mes premières rencontres avec Kuroda, ni le peintre auquel j'ai acheté des tableaux, qui a décoré les magasins des Champs-Élysées et de Tokyo, dont j'ai montré les œuvres dans le magasin de New York sur Madison. Ce Japonais de Paris, de dix ans mon aîné, dont les peintures ornent les murs des connaisseurs avisés de l'art immédiat, beaucoup le connaissent à Saint-Germain-des-Prés.
Je parlerai d'Aki avec qui j'ai partagé de l'amitié et de l'affection pour Jacques Souleivitch, un vieil ami de jeunesse que nous avions en commun. Souleivitch collectionnait Aki depuis 2000 et

ils étaient devenus amis. Jacques était copropriétaire de la Cigale à Pigalle ; c'était un pilier du Quartier Latin, rabelaisien s'il en est, aimant les bons cigares et les copains.
Un jour de printemps 2010, il nous invite à dîner chez lui. Aki n'est pas d'un appétit féroce, pratique le vin avec modération. Il fait preuve d'une taille exceptionnelle pour un Japonais et d'une tempérance non moins japonaise pour sa sveltesse de soixante-naire, éternel jeune homme, séduisant par son talent et l'esprit. Le dîner est délicieux, arrivent les cigares, les alcools blancs, nous respirons au balcon de l'appartement l'air doux de l'île Saint-Louis. L'été passe. J'apprends d'un ami que Souleivitch a eu une attaque. Quelques semaines plus tard, ce n'était pas une attaque mais une humeur maligne au cerveau, et ses chances de survie sont nulles. Souleivitch mourra après deux ans de lutte, laissant veuve une femme très jeune et une petite fille orpheline.
Quelques mois auparavant, je croise Aki au Flore. On parle de tout et de rien. Aki soudain me demande : « Des nouvelles de Jacques ? »
Sans précaution, je lui balance :
« Une tumeur au cerveau. Il est perdu. »
Aki, l'impassible, le réservé, ne peut réprimer un énorme sanglot. D'ami qu'il était, Aki est devenu mon frère de larmes.

C'est un jour de grève de taxis, de mai 2014.
Un numéro de téléphone inconnu s'affiche sur mon portable. À tout hasard, je réponds.
« Ah ça, incroyable, Alain ! Depuis 1996, tu n'as pas changé de numéro de portable. »
Je reconnais la voix, c'est Daniel Roquet. On ne s'était pas vus depuis vingt ans.
« Que puis-je faire pour toi, cher revenant ?
– Accorde-moi un rendez-vous le 28 juin, à 14 heures 30, je viens à Paris, te voir. »

Le 28 juin, 14 h 30. Personne. À 16 heures 30, arrive Daniel Roquet.
« Tu ne devineras jamais ! Je viens d'avoir l'Ordre du Mérite. Tu viens d'avoir toi-même la Légion d'honneur. Je te veux. »
Après vingt ans, tel était resté Daniel Roquet.
« Mais je n'ai pas l'Ordre du Mérite.
– J'arrive de la Chancellerie, en face de chez toi. Je me suis renseigné. Tu peux le faire. »
Après vingt ans, il y a des honneurs qui ne se refusent pas.
« Ce sera donc le 10 octobre, à Beauvois-en-Cambrésis. »
Son fils Vincent l'accompagnait.
– Sans Vincent qui m'y a encouragé, je ne t'aurais jamais demandé de faire le voyage.
– J'ai souvent entendu Papa me dire ce qu'il vous devait. Il n'aurait pas été juste qu'un autre lui remettre cette médaille. »

J'avais dédié ma Légion d'Honneur de façon posthume à mes parents. Quelqu'un me donnait l'occasion de reconnaître à mon tour quelqu'un d'autre.
Les semaines, les mois qui précédèrent avant la date fatidique du 10 octobre virent remonter mon éternelle angoisse de n'être pas fait ni complètement légitime pour ce rôle. Je n'avais vu jusqu'à présent dans ces cérémonies compassées et formelles que des personnages officiels, à l'exception de Christine Lagarde.
Ce 10 octobre fut l'un des grands jours de ma vie. Devant cinq cents personnes, ministre, parlementaires, maires du Nord, conseillers de toutes sortes, je remettais à Daniel Roquet l'Ordre du Mérite.
Je crois avoir été plus ou moins à la hauteur de ma tâche.
Daniel Roquet prit la parole, hésita sur les mots, mélangea les feuillets de son discours, fut vrai, aussi fier qu'embêté de l'honneur reçu. Il fut ovationné.

## Le bonheur et l'argent

J'avais quinze ans en 68. Et 15 francs d'argent de poche par semaine. Ces 15 francs comprenaient le café en face du lycée, le flippeur et le baby-foot.

Il y avait peu d'argent à la maison. L'effort de mes parents était gigantesque et leurs 15 francs étaient suffisants dans leur insuffisance même pour le gamin sans exigence que j'étais. Dans cette banlieue pauvre des années soixante, l'essentiel des loisirs se passait chez les copains et les copines à écouter de la musique, de Gainsbourg à Maxime le Forestier, de Dylan à Donovan, la musique ne coûtant que le temps de l'entendre, à discuter des heures, et pas du tout comme aux mêmes âges aujourd'hui, à collectionner les fringues, les pompes, les accessoires électroniques, et à « sortir ». N'avoir qu'un argent de poche squelettique était comme une sorte de diplôme de savoir-être sans avoir. L'argent ne gouvernait absolument pas notre existence adolescente.

À dix-huit ans, j'ai 25 francs par semaine en Terminale. Je les utilise pour mes agapes sandwichères en face du lycée Chaptal et, pour l'après-midi du dimanche, à aller danser au Touquet club à Paris, rue Jean Mermoz. Dans la France des années soixante-dix ne pas avoir d'argent ne vous condamnait pas, et les petites choses, les plaisirs courants – le cinoche – ne coûtaient guère. On vivait de peu, légèrement. L'argent serait pour plus tard. Pour l'heure : profiter de la gratuité des choses, le flirt avec les filles, le rêve avec les copains.

À vingt ans, j'entre dans une école de commerce, je passe de l'argent de poche à une allocation de subsistance que mes parents m'allouent chaque mois, 500 francs, dont la moitié pour la chambre en cité universitaire à Rouen. Mois après mois, il m'est difficile de joindre les deux bouts, et mes copains de prépa sont beaucoup mieux « outillés » de ce côté-là, même si mes parents assurent le forfait SNCF et l'abonnement au Crous. Je mettrai à profit toutes mes vacances scolaires pour travailler comme garçon de bureau dans une banque parisienne.

J'ai connu, ces années-là, un bonheur sans partage à dépenser intégralement mes maigres gains sans jamais économiser un sou pour quand la bise serait venue. C'est là qu'est née sous l'empire de la nécessité, non pas la fourmi que je ne serai jamais, mais la cigale que je suis devenu. Mon bonheur était de « flamber » tout ce que je gagnais, et une part de moi a gardé cette délicieuse néfaste habitude.

Une fois diplômé, je me suis marié un an après. Ce fut mon second diplôme. Un an après, encore, naissait mon premier fils. Troisième diplôme. Je dépensais mon salaire de professeur et mes honoraires de conseil à nous offrir en famille les petits luxes qui nous avaient été interdits jadis, bons hôtels, meilleurs restos que ceux où m'emmenaient deux fois par an mes modestes parents. Cette fois, c'était moi qui les régalais ! J'avais une sorte d'ivresse à les inviter. Le premier intérêt de l'argent, sa première vertu, c'est ce plaisir qu'il vous autorise à dispenser aux autres.

Des autres, je suis passé au plaisir de me faire plaisir à moi-même. J'ai eu une Matra Bagheera, je me suis fait faire mes premiers costumes en demi-mesure, j'écrivais avec un stylo Must de chez Cartier et j'ai porté ma première cravate Dior. Ces petits luxes n'étaient cependant rien à côté du pouvoir de rendre, que cet argent me permettait vis-à-vis de Marthe et de ce qu'elle m'avait donné, enfant, comme preuve d'amour : sa cuisine. Donc restaurant toutes les semaines avec Marthe. Pour régler ma dette.

L'argent n'avait toujours pas pris le pouvoir sur moi.

Il est devenu mon maître pour une période qui allait durer vingt ans à partir de 1981, lorsque je suis rentré chez Boussac entamer une carrière de mercenaire, alors que la Gauche, ma Gauche, parvenait au pouvoir. L'argent devint un roi par défaut, et la seule justification à ce travail de dégraissage des entreprises, contraire à mes idées. L'argent compensait le dégoût que j'éprouvais à tailler dans le vif d'entreprises en déclin et dans la vie d'ouvriers et ouvrières devenus « inutiles ».

J'ai touché des salaires qui dépassaient mon seuil d'entendement. Être un restructurateur à la hache performant puis un gestionnaire marketing de grandes marques avait fait de moi un individu recherché sur le marché. On me confia le développement de Saint Laurent Homme puis de Kenzo Homme, et je rentrais de plain-pied dans un monde où les standards de vie explosaient. Porsche, BMW, week-end à New York au Park Lane, grand prix de Formule 1 de Mexico, costumes Saint Laurent en veux-tu en voilà, frais de représentation illimités, fréquentation des hauts lieux de l'existence et de la culture, achat d'un appartement à crédit : j'étais devenu dépendant à l'argent comme on l'est à la drogue. J'avais perdu ma liberté de mouvement, obligé de prendre des missions de plus en plus lourdes, de plus en plus dangereuses, de plus en plus pesantes. Et de plus en plus contraires à mon envie de faire les choses par et pour moi-même.

J'ai évidemment connu de grandes jouissances, mais aussi de grandes angoisses : dossiers impossibles, négociations meurtrières avec des banquiers insupportables, restructurations au couteau. Je travaillais à temps complet, sans vraiment voir mes enfants grandir. Je perdis mon père et ma mère, j'étais comme une sorte de robot, de machine à gérer et digérer les épreuves. L'argent était mon seul carburant. Cela s'est terminé en 2001 à mon entrée chez Mauboussin. La coupe était pleine.

Vint le temps de Mauboussin, le retour au faire, au vrai faire. Je me plongeai avec délice dans le développement et la création. Le salaire était confortable, il y avait ce privilège d'avoir un chauffeur, mais rien d'extravagant. Le luxe était la place Vendôme sous mes yeux, les fenêtres de mon bureau sur le Ritz. Mais mon seul vrai luxe aura été de n'avoir jamais été vraiment chez moi sur cette place faramineuse et de savoir qu'au-delà des toitures du Ritz, il y a toujours, quelques dizaines de kilomètres plus loin, ma banlieue d'Asnières.

Ma vraie richesse ces dix dernières années n'aura pas davantage été l'argent, mais d'avoir écrit une histoire qui s'appelle Mauboussin, qu'on ne pourra, à l'avenir, pas tout à fait dissocier de l'histoire personnelle d'un individu nommé Némarq.

## Le travail et le bonheur

Travailler a été, depuis mon plus jeune âge, une ardente obligation. Je fus d'emblée, pour mon futur salut, à bonne école : mon père. Orphelin de père à deux ans, il avait commencé, son certificat d'études primaires en poche, à travailler à douze ans comme coursier – on disait alors saute-ruisseau – pour un commerce de linge de maison, draps, linge de table et de toilette, la Maison Hack Frères, rue de Réaumur à Paris. Son opiniâtreté lui valut quelques années plus tard de rentrer dans la Maison Lehmann, à Lyon, spécialisée dans le trousseau pour mariés. Très bon vendeur, bientôt reconnu dans ce métier sur le tas éminemment formateur et sans appel, il était promis à devenir jeune directeur commercial, quand la guerre éclata. Fait prisonnier par les Allemands dans les Ardennes en juin 1940, il passa cinq années en captivité, d'abord dans un stalag près de Nuremberg, puis, après une tentative d'évasion, dans un camp disciplinaire, d'où il revint avec le scorbut. Il retrouva ma mère, de retour des maquis d'Auvergne et son fils né en 1940, qu'il connaissait à peine. Il remonta une affaire de trousseau en 1952. Il faisait du porte à porte autour des grands dépôts de chemin de fer, d'Achères, de Trappes, de Noisy le Sec, auprès des femmes de cheminots. Il partait très tôt avec une énorme valise d'échantillons et des rouleaux de toile de drap qu'il vendait au mètre, rentrait fort tard. Je l'accompagnais aux vacances scolaires dans ses tournées. Il gagnait la vie de la famille au prix d'un effort gigantesque. Tout reposait sur lui. Son travail était la condition de notre survie à tous. Cet homme a construit notre vie,

notre famille à la force du poignet.
Sans son travail acharné, je savais, au quotidien, qu'il n'y aurait pas de famille, pas de survie, pas de salut. Cela renforçait le caractère héroïque que je prêtais à ce Père Courage, après sa belle conduite comme soldat durant la Drôle de guerre. Je n'eus pas besoin, tout petit, de cet apprentissage lent du travail qu'est l'école, pour savoir que, mon heure venue, le travail serait la voie royale de la libération, de la sortie de la précarité. Je fus un élève acceptable dans le primaire, consciencieux au lycée et devins le premier bachelier de la famille depuis toujours. À travers moi, toute la famille était reçue. Je m'étais montré digne de l'amour que l'on me portait, des sacrifices de mon père. Mon succès était la résultante de l'amour des miens. J'étais désormais l'enfant sur qui reposeraient tous leurs espoirs, leurs rêves, le porteur collectif d'un avenir meilleur. Mon travail récompenserait leur amour, leur prouverait le mien, il m'apparaissait la condition et le moteur absolus du bonheur familial et du bonheur tout court. Il constitua le meilleur antidote à ce sentiment de médiocrité qui m'affligeait par ailleurs. Après le bac, renonçant à des études littéraires qui avaient ma prédilection mais ne bénéficieraient qu'à moi et n'assureraient pas l'avenir matériel des miens, je choisis des études commerciales. Ce choix fut un sacrifice qui répondait au sacrifice paternel, le prolongeait, l'embellissait encore. Il fut l'expression de ma reconnaissance à l'égard de la dette contractée, et, au-delà de l'acharnement que je mis à devenir diplômé, l'élément essentiel de mon auto-reconnaissance progressive par moi-même. Je chercherai toujours à reproduire dans mon existence, en grand, ce contrat d'avenir avec le passé.
Quelques années plus tard, j'acceptais de venir un mercenaire industriel pour des missions impossibles. Je n'aurais jamais pris des dossiers qui n'auraient pas été d'une extrême difficulté. Plus la tâche semblait sans espoir, plus cela m'exaltait. Je sauverai des entreprises en perdition, je sauverai des emplois, des pauvres gens

qui ressemblaient à mon père, qui s'étaient sacrifiés comme lui pour les leurs. Un peu comme un médecin qui ne se dédierait qu'aux cas désespérés, mais qui, s'il réussissait par miracle à sauver quelques-uns, serait un héros à ses propres yeux. Il n'y eut hélas pas de miracle.

Le travail était comme un défi que je me lançai à moi-même. Nécessité faisant loi, j'ai bâti peu à peu, au travers d'épreuves sans nombre, ces trois valeurs qui fondent le sens de toute activité, quels qu'en soient les fruits, fertiles ou amers : le courage pour soi-même (sans lui, rien n'était possible), la générosité pour autrui (sans elle, à quoi bon ?), la lucidité pour le reste (tant de chemins qui ne mènent nulle part).

Et puis l'enfant d'Asnières que j'étais aura, après tant d'autres, démontré à son tour qu'un héritier assouvi n'est pas plus légitime qu'un sans-culotte venu de la précarité. Sans-culotte j'étais. Même si la peur du lendemain ne me taraude plus, sans-culotte je reste.

# Joaillier

Ma mission chez Mauboussin serait-elle une étape de plus, ou l'arrivée au port ? Un métier de plus, ou un retour aux sources ?
Assez curieusement, c'est un retour à l'origine. L'adolescent timide, un peu poète, amoureux des jeunes filles en fleur, se retrouvait au mitan de sa vie à apprendre un métier nouveau, éminemment poétique, à destination de ces mêmes jeunes filles devenues des femmes, et que j'abordais avec la même humilité anxieuse qui me caractérisait jadis.
Au bout de deux ans d'apprentissage et d'études qui me rappelaient, elles aussi, ma Prépa d'antan, je pris en main la création. C'est là que tout se joue. La création de valeur, l'identité, l'histoire au futur. Outre piloter les finances de la maison, assurer l'image, communiquer en son nom et en mon nom. Si j'avais choisi dans mon passé mercenaire des missions pour leur caractère impossible, insupportable socialement, Mauboussin, là, m'offrait à l'inverse une liberté inédite. Les figures libres l'emportaient sur les figures imposées. Cette faculté de maîtriser le tout, la création, le marché, le commerce, l'image, me procuraient un bonheur sans mélange. Être le capitaine d'un navire dont on règle la voilure, détermine le cap et fixe la destination. Fédérer un équipage, avancer ensemble, par mer belle comme dans les tempêtes. Je ne saurais naviguer sans ces compagnons d'aventure, Olivier, Sylvie et tant d'autres, qui partagent ma vision des choses, l'amour du métier, et aussi mes pulsions, mes fantasmes et mes peurs.
Mauboussin est une des rares maisons de joaillerie de luxe, pour

ne pas dire la seule, où celui qui tient la barre est également le créateur des collections. L'armateur, mon jumeau, D.F., en a voulu ainsi, et ce fut ma plus belle chance. Cet alliage dans un même homme de la direction de l'entreprise avec la création proprement dite, disparaîtra peut-être quand l'armateur et le capitaine auront mis sac à terre. Quoique l'avenir réserve, nous aurons, D.F. et moi, construit ensemble un système assez unique, où j'ai trouvé, en lui, ma plénitude.

## Du bonheur de trouver son jumeau

La Shoah, c'était chaque dimanche un silence éloquent. On n'en parlait pas, on n'évoquait pas les disparus, ils étaient là sans l'être. On ne voulait surtout pas s'identifier à eux, encore moins, parce que nos parents, nos aïeux avaient été victimes hier et avant-hier, comme des victimes ad aeternam. Refus, serait-ce même pour s'en montrer solidaire, du statut du peuple martyr. Mais, pour rompre avec cette fatalité, je voulais comprendre, trouver un chemin, vers la vie, vers la sérénité. D'où mon entrée, plus tard, dans le monde des initiés. Le chemin serait ardu, j'aurais les pieds qui saignent, la connaissance serait acquise au prix de la souffrance. Reste qu'on ne pouvait, pour l'heure, oublier la Shoah. Ce grand malheur collectif couvrait de son ombre silencieuse mes petits malheurs personnels. Le malheur aura été au fondement de mon identité. Des petits malheurs de mon enfance heureuse, je suis passé sans guère de transition au mal-être de mon adolescence.
Vis-à-vis du monde extérieur, j'étais du grand parti des pauvres. Ma vie sociale s'inaugurait dans la précarité. Le manque de moyens vous force à vous conduire avec rigueur, à être prématurément un homme et un homme juste, un Emet (un homme juste, vrai, en hébreu). Pour être un homme juste, un homme de justesse et de justice, il faut avoir su ce qu'était le malheur, avoir connu le tragique de l'existence.
Quand j'arriverai chez Mauboussin, j'aurai fait le petit tour du malheur. La Shoah dans mon enfance d'après-guerre, la perte de mes illusions d'enfant, la perte de mes parents, la restructuration

tragique du Textile français en dépit de mes idées progressistes. Bref, la maturité venue, je ne croyais plus au Père Noël, si j'y avais jamais cru. En vérité, ce sera ma libération. Entre mon enveloppe et son contenu, une conciliation s'était faite. Et Mauboussin, alors à deux doigts du coma terminal, sera le berceau, parce que précisément à l'état zéro, de ma renaissance (et, partant, de la sienne.) Comme il n'y a plus rien à perdre, puisque tout l'était déjà ou presque, je vais commencer par faire table rase, achever de détruire le peu qui, vaille que vaille, restait encore debout, renvoyer la majorité du personnel, pour créer du nouveau, écrire une page de ma main. C'est cette renaissance alchimique que je vais enfin tisser de mon propre fil rouge. Cette seconde partie de mon existence va prendre enfin le contre-pied de ma vie précédente. Je vais enfin découvrir, après avoir remanié une industrie en perdition, le bonheur de faire, de construire.

Mon bonheur jaillira dans l'instant, il se coagulera dans les urgences de l'immédiat, dans les rencontres où le profane que je suis s'instruit sur le tas de ce métier nouveau, la joaillerie, dont j'ignorais tout ; il sera dans la volupté de la fragilité des choses, dans la jouissance de ma propre fragilité enfin assumée, dans le tourbillon des décisions à prendre, dans le contact avec la force tranquille d'un Autre, D. F.

Cet équipage fragilité-force tranquille va se révéler un bon équipage. Deux fragilités ensemble, c'eut été le naufrage assuré. J'apprends avec ivresse l'art du duo, la non-solitude. On n'est jamais intelligent tout seul, mais en groupe, en tribu, et plus encore à deux. Le couple exige la vertu (cela tombe bien, j'en avais à revendre) et en produit tout autant qu'il en consomme. Et comme la vertu (ici à deux) est une des voies vers le bonheur, je vais multiplier les duos au sein de mes équipes, constituer autant de duos pratiques que d'objectifs assignés. Seul je fus, seul je suis, seul je reste, mais ma solitude s'écrira désormais à deux, dans bien des compartiments de mon existence.

Bien entendu, cette belle construction se fissure et menace comme un château de cartes quand une douleur récurrente à l'épaule me fait craindre le pire. Mais, Ô miracle de ma nouvelle vie, la phase ascensionnelle revient tout aussi vite. J'ai, en quelque sorte, accepté le principe des cycles. La lumière n'existerait pas vraiment si les ténèbres ne la rendaient pas plus belle.
Mauboussin aura représenté l'attrait de l'inconnu, l'émotion du grand saut. Ce fut ma sortie dans le monde des autres, où je suis un représentant du monde d'avant, un homme à l'ancienne qui s'est fait une seconde jeunesse. Le secret ? Encore une fois, le binôme. Le binôme, vous dis-je. D.F. est un libéral, je suis de gauche, je suis juif, il ne l'est pas, il est un réformiste, je serais plutôt un révolutionnaire (hélas, sans révolution), c'est un aventurier, je ne le suis pas. Puissance du binôme, mariage des contraires, utilité réciproque.
Un conseil : dans la vie, soyez double, soyez deux, trouvez votre jumeau.
La confiance, c'est son propre regard dans le miroir de l'autre. Au fameux « Connais-toi toi-même », s'ajoute un « Connais-moi toi-même » qui le complète et l'augmente.
Ni mon père, ni mon frère : mon jumeau est un sur-frère. Le jumeau, en maçonnerie, est celui qui est initié en même temps que vous.

## Le bonheur de gagner au Monopoly

J'ai ouvert ou rouvert quatre joailleries Mauboussin : place Vendôme, avenue des Champs-Élysées, rue de la Paix, rue de Passy. Si vous avez joué au Monopoly dans votre jeunesse ou plus tard avec vos enfants, vous voyez ce que je veux dire.

Ces quatre adresses évoquent pour moi ces parties incroyables de Monopoly dans mon enfance, que Marthe, ma grand-mère, me laissait systématiquement gagner afin de m'inculquer que j'étais irrémédiablement fait pour la vie des affaires… De longues années plus tard, j'eus une petite amie en première année d'école de commerce à Rouen, et nous jouions, avec son petit frère de treize ans, d'interminables parties que j'emportais toujours de la même manière : j'achetais les rues de Paris les moins chères, Belleville en toute priorité, puis la rue Lecourbe et le boulevard de La Villette ; j'y implantais des maisons puis des hôtels, privilégiant l'étendue de mon territoire immobilier en délaissant, dans un pur réflexe de classe, les avenues prestigieuses de l'Ouest parisien et des beaux quartiers chers à Aragon, aux loyers alléchants mais « trop chers pour moi » et trop risqués.
Paradoxe du temps qui passe et des êtres qui ne changent pas, je me suis retrouvé, l'âge venu, Place Vendôme où j'ai pris logis, ou plus exactement racine, sur cette place somptueuse du prestige et de l'injustice par l'argent, où, autre paradoxe régalien, la République a choisi d'implanter son Ministère de la Justice sur cette place royale construite par Louis XIV et au centre de laquelle

trône en haut de sa colonne, solitaire, l'Empereur Napoléon... Quelques années plus tard, j'achèterai à prix d'or un emplacement stratégique sur les Champs-Élysées, et voilà qu'aujourd'hui je quitte la place Vendôme pour la rue de la Paix, sa voisine non moins huppée. Le Monopoly de mon enfance à l'envers, tel un reniement ?
Ai-je à ce point changé ? Ou ai-je choisi de révolutionner le Monopoly ?
En choisissant très tôt, à peine entré chez Mauboussin, de rompre avec les trophées pour happy few, et de vendre des parures accessibles au public des Parisiennes, n'est-ce pas comme si j'avais voulu abaisser par un autre biais le loyer que l'on payait pour les maisons et les hôtels de jadis, face à Marthe ? Faire le pari de l'accessibilité en étant le joaillier de luxe le moins élitiste de la place, ce fut choisir mon camp, celui d'un Robin des Bois qui laisserait de côté le Prince Jean, l'usurpateur du royaume du roi Arthur, qui l'avait privé de son trône et dépouillé des joyaux de sa couronne.
Bye bye donc Place Vendôme. Enfin la rue de la Paix (y compris avec moi-même), la paix des braves, de ceux qui disent à leurs semblables : vous avez bien mérité de vous et du droit à tous de rêver. Le rêve n'est pas réservé à une élite. Le bonheur est aussi de partager. Partager les choses belles, partager la fraternité, la paix, la justice, partager l'amour de la vie. Encore une fois, il convient d'aimer les autres pour mieux s'aimer soi-même, ou moins mal. J'ai besoin d'aimer les autres et d'être aimé d'eux, à défaut de m'aimer moi tout seul.

Dans ce nouveau magasin de la rue de la Paix, j'aimerais faire partager trois valeurs qui me sont chères entre toutes. La beauté, l'excellence, l'exaltation créatrice.
Réminiscence, toute plébéienne qu'elle soit, du château de Vaux le Vicomte : le sol sera fait de pierres blanches ornées de cabochons, ainsi que le voulut là-bas Fouquet, l'intendant et grand

argentier de Louis XIV, foudroyé par la jalousie royale, parce qu'il était royal lui-même, outre qu'un tantinet voleur des deniers du Trésor royal dont il avait la charge, et qui finit sa vie en forteresse sous les traits, dit-on, du Masque de fer.
Le décor s'inspirera de l'Art Déco et de son immense rigueur esthétique, qui fut la période de gloire de Mauboussin dans l'entre-deux-guerres, et qui brilla de ces noms restés légendaires, Coco Chanel, Poiret, Dunant. Quoi de plus exaltant que d'exposer à la vente des créations accessibles dans un écrin témoin de l'excellence du passé ?

Bye bye Vendôme, enfin la Paix. On peut toujours, à mon âge comme jadis, gagner au Monopoly des passions françaises.

Mais ma vraie passion française à moi est de considérer que le temps du présent n'a rien, cependant, à envier à l'or des temps passés. Encore faut-il, pour qu'il ne leur soit pas inférieur, que les contemporains aient le goût, l'envie, l'exaltation de servir leur pays comme ils se font, jour après jour, les serviteurs d'eux-mêmes. Voire un peu mieux.
Au Monopoly des nations et non plus des rues et lieux de la Ville lumière, je n'en achèterais qu'une : la France.

## Le bonheur en avion

Je fais retraite dans les avions. Comme d'autres dans leur tour d'ivoire où dans leur for intérieur.
Tel un vieux voyageur, avec ses habitudes de grand passager sur les vols long-courriers vers l'Asie, je m'installe toujours dans le même siège, je prends mes aises, j'ôte ma veste, je m'enveloppe dans une couverture en cachemire, je sirote un verre de bourbon qu'avant même le décollage me sert l'hôtesse, qui, à force de m'assister sur la ligne, connaît mes habitudes. Et je commence mes mots croisés.
C'est un temps régressif, je me sens flotter délicieusement, je m'abandonne entre les horizontales et les verticales de ma grille à de vagues rêveries. Sous l'effet du bourbon et de l'abstraction de l'altitude, je laisse bientôt tomber mes mots croisés pour un léger somme, suivi d'une collation sobre, avant de terminer ma grille. Puis je lis le journal de bord, ou je regarde distraitement un film.

Cette prise en charge totale par les aéronautes du bord et le pilote inconnu à qui je confie quelques heures mon existence, me rappellent ces nurses douces qui s'occupaient de moi enfant, ma mère et ma grand-mère. Inconscience du sommeil et des vagues de l'âme, le monde de la Terre sous forme d'un livre, le tout enrobé dans une semi-somnolence rêveuse : je suis parfaitement seul en moi-même, et en même temps ailleurs. Ces moments d'avion, cette mobilisation émotionnelle nomade, l'ivresse de l'altitude : tels une sorte d'ermitage ou un caisson d'isolement, l'avion est comme ces cités improbables jadis retranchées du monde que de rares voyageurs parvenaient à découvrir dans les brumes montagneuses, ainsi que le fut peut-être Lhassa pour Alexandra David Néel, il y a un siècle. On n'est jamais plus seul qu'en avion et plus longtemps. L'avion-solitude me guérit quelques heures de mes affairements terrestres.

Parfois, mes transports aériens se transforment en anti-voyage. Lors d'un vol entre Tokyo et Kuala Lumpur, je perds incompréhensiblement ma bague, la cherche, ne la trouve pas, appelle l'hôtesse à la rescousse, qui démonte le siège à quatre pattes. J'en profite pour contempler son arrière-train, vais soudain beaucoup mieux, oubliant l'angoisse que l'état de mon fils, encore incertain, m'avait procurée avant l'embarquement.

L'avion est un lieu idéal pour l'imagination. Je formule des projets, envisage des opérations, échafaude des plans sur la comète, les idées naissent loin du tumulte terrestre. Et puis, en certaines occasions, laissant derrière moi le tout-venant du boulot, la complication des affaires, cette parenthèse aérienne me pousse à fantasmer que je pourrais tout laisser tomber. Au beau milieu des vols, plus d'une fois, je me suis dit : Et si je ne rentrais pas ? Je suis toujours rentré. Mais, de fait, l'avion – qui est tout sauf un lieu – est le seul « non-lieu » où l'on peut imaginer une démission libératrice. On est si près de soi, si loin des autres, dans cette montée symbolique au ciel qui, comme Moïse au Sinaï, nous rapproche de la Lumière.

Je suis pleinement chez moi en avion. Je n'ai pas de propriété au sol, pas de maison de campagne ni de lieu familial de vacances. Mes lieux d'élection dans les villes mondes, Los Angeles, Miami, Tokyo, sont les hôtels où je peux fumer le cigare. Le *Château Marmont* à West Hollywood, le *Delano* à South Miami Beach, le

*Viceroy* à Palm Springs, le *Ritz-Carlton* à Tokyo, telles sont mes vraies escales terrestres.

Parce que, quant au reste du monde, les lieux en majesté m'emmerdent. Le Louvre m'emmerde. Venise la Prétentieuse sent les marchands du temple, et l'establishment moderne y vient chercher une reconnaissance souvent imméritée. Bernard Arnault installe ses collections au Jardin d'Acclimatation, pas à Venise. Quant à François Pinault, qui, certes, a repris la Douane de Mer à l'entrée du Grand Canal, il s'était vu refuser l'île Seguin à Billancourt.

Je passerais ma vie en avion. Mais il faut bien récupérer son identité au passage des passeports, récupérer ses bagages, récupérer sa charge de vie.
Merci l'Airbus A 380 pour ces quelques heures au-dessus de la vie.

Il y a une ville qui est comme un avion posé sur une piste d'atterrissage.
C'est une ville de l'espace, sans passé et sans autre futur que la destruction, le jour inéluctable où le Big One la punira de s'être établie à la légère sur la grande faille sismique de Californie. Et où, de ce fait, l'immédiat prend toute son importance.
Pour moi qui ai vécu ma jeunesse dans un appartement minuscule dans une banlieue parisienne étriquée, L.A. représente l'immensité. Mais je ne me sens pas perdu dans l'interminable Los Angeles et Sunset Boulevard qui longe l'océan sur des dizaines de miles sans fin. Je m'y sens libre, libre d'errer dans cette ville tentaculaire de la facilité, du fun, du plaisir bling bling, et d'assister au ballet des rollers skate de Venice carburant à l'*organic* et au *gluten free*. J'ai déniché dans un *Antiques* sur Sepulveda Boulevard un fauteuil de Guy Paulin et des chaises de Charles Eames, que je

payais par carte bleue en me demandant s'ils me seraient jamais livrés. C'était me livrer moi-même à l'inconnu, à l'aventure.
À La Brera, les synagogues se suivent à la queue leu leu. C'est improbable, extravagant. Tout est libre à Los Angeles, c'est l'anti Amérique de Bush.
L.A., capitale du vide américain, c'est la dilution moderne de la ville et des hommes dans l'espace et le temps, quand Paris, que j'aime par-dessus tout, en est la concentration et le produit d'une longue histoire. Mais toutes deux sont des villes de l'errance, malgré, ici le *Café de Flore* et mes ancrages dans l'humus parisien. Et puis enfin, Paris-Los Angeles, c'est neuf heures d'avion. Neuf heures de bonheur.

Moi, sorte de Juif errant, qui aime la liberté du ciel, qui rejette les barrières, je préfère Los Angeles à New York, tant les procédures d'entrée à Kennedy sont draconiennes. Vous n'y êtes jamais bienvenu, vous êtes un suspect entrant au pays de la liberté, on vous prend vos empreintes. À Los Angeles c'est déjà mieux pour les Européens, moins bien si vous venez d'Asie, encore moins si vous êtes un *latino*. À Miami, favorable à l'exilé, fanatique d'Art Déco et de *Modern Art*, étrangère à toute *waspitude* et à son historicité réactionnaire, l'Amérique hispanique vous accueille d'autant mieux qu'elle est fraîchement débarquée des avions venus du Sud quelques années à peine avant vous.

Quand je retraverse Paris de retour de L.A., je redécouvre places après places ce concentré de l'Histoire nationale, combien la France vit encore à travers ses grands personnages, dépositaires symboliques et moteurs de son identité. À l'image de L.A., sans places, sans monuments, l'Amérique, elle, fabrique aussi vite ses symboles, ses *Americanas,* et ses héros éponymes qu'elle les détrône, passant hier de Kerouac, Martin Luther King, Bob Dylan, Warhol et Philip Roth, à Lady Gaga, Obama et Steve Jobs aujourd'hui, qui demain ne seront peut-être plus rien.

## Le bonheur d'être grand-père

J'ai découvert la gourmandise d'être père sur le tard.
Un récent déjeuner avec mon fils Frank m'a éclairé sur mon passé de père. Il m'avait toujours semblé que leur mère représentait pour eux bien plus que moi. « C'est parce que tu n'as jamais su qu'elle nous transmettait de toi une image telle qu'aucun de nous ne s'est senti le droit de te perturber dans ta vie et tes travaux à l'extérieur, qui te privaient de nous assister au jour le jour sans que nous t'en fassions reproche, au contraire. »
Je tombai des nues. J'ignorais qu'une sorte de culte de ma personnalité régnait au sein de ma propre famille. Comment m'en serais-je douté ? Frank depuis toujours m'appelle « Alain », je n'avais pas voulu de « papa », effet collatéral hérité de mai 1968. En revanche, j'ai développé avec mes enfants une vraie relation de complicité, au point que mes deux fils travaillent avec moi. Je ne suis en rien le Grand Prêtre familial. L'autorité oui, la reconnaissance de mes quelques aptitudes dans l'existence oui, la complicité oui – j'appelle, David, mon fils à Singapour tous les matins –, le respect et la vénération non.

Stéphanie, ma fille, a un fils, Samuel, d'un an. Frank a une fille, Esther, d'un an, et Chloé de trois ans et demi. Ils sont, bien sûr, trop jeunes, mais je n'assumerai pas plus demain le rôle de grand-père modèle que je n'ai assumé le rôle de *pater familias*. Nulle ambiguïté : ni modèle, ni mentor, je me veux un accompagnateur, et dans l'ordre affectif uniquement.

Je revis aujourd'hui en observateur amoureux, avec ces jeunes enfants, les moments que j'ai trop peu vécus avec les miens propres.
Être grand-père, c'est être un acteur sans rôle. Il n'était pas imaginable d'avoir des préférences entre mes enfants. Mais là, en tant qu'acteur, vous préférez sans le montrer celui ou celle de vos petits-enfants qui vous apprécie le plus comme tel. Le jeu de la séduction marche à fond. J'invente des grimaces, je chante, je fais le clown, l'enfant rit aux éclats. Être grand-père, c'est être le maître de cérémonie des rires et de la douceur.
D'ores et déjà, j'imagine ce que nous ferons ensemble, quand ils seront plus grands et que j'aurai du temps. Sortie d'école, pain au chocolat à la boulangerie d'en face, etc. Je projette sur eux le souvenir de ma relation avec Marthe, ma grand-mère, rêve d'être moi-même un peu Marthe pour eux. Elle fut ma seconde mère. Mais on ne peut pas être un second père. Et je n'ai jamais connu mes grands-pères.
Quant à la transmission de ce qui me fut transmis, à commencer, bien sûr, par la Shoah, c'était un héritage de pleurs, de cendres, de sang, et un carcan de mémoire, dont l'enfant que j'étais devait sortir. Le souvenir ne devait pas devenir obsessionnel, parce qu'alors il n'y aurait pas de vrai salut. « Sortir » de la Shoah : la solution fut pour moi un kibboutz en Israël au pied du Golan, synonyme, quelques mois, de liberté, de partage, d'espoir et d'utopie. Du coup, l'appartenance ne se fit plus que par rapport au passé, mais se nourrissait du présent et, mieux encore, de l'avenir. Je suis historiquement un juif de Clermont-Tonnerre, un juif laïc de la République, et nous étions maintenant devenus les frères, si je puis dire, de nos cousins d'Israël. Le judaïsme devenait le partage d'une nouvelle Histoire. Mais l'utopie ne se conclurait pas par ma propre alya, la « montée » en Israël, je ne resterai pas kibboutznik. Et quant à mes petits-enfants, je leur transmets moins la Shoah et encore moins la peur, que l'appartenance et la vigilance.

# Rituels

Le monde se divise en deux. Les êtres épris de répétition infinie du même, et ceux, l'esprit nomade, qui, au gré de leurs affects et des couleurs du jour, butinent dans la gamme illimitée des choses. J'appartiens, pieds et poings liés, aux premiers.

Au lycée, c'était le café d'en face, où j'allais traîner mes fonds de jeans dans l'odeur des Gitanes et faire chaque jour un baby-foot. En prépa, ce fut le *Café Chaptal*, où le flippeur succéda au baby-foot. J'ai reproduit cette habitude quand je vins travailler à Paris, chez Saint-Laurent. Dix ans durant, je m'arrêtais au *Mabillon*. Il y avait l'âcreté du café trop brûlé, compensée par la gentillesse un peu bourrue du garçon avec qui, six jours sur sept à la même heure, j'échangeais les mêmes trois mots sans intérêt. Puis je passerai au *Flore,* qui fut mon premier bureau, mon QG où je donnais des rendez-vous. Tous les matins, c'étaient les mêmes habitués, on se saluait, on se parlait sans jamais se connaître, encore moins de nom. Renouer chaque jour que Dieu fait, avec le social, sans aucun poids, ni conséquence. Point de départ de la journée dans le monde des Hommes et de l'affairement. Et puis surtout, ce sont depuis trente-cinq ans les mots croisés du *Monde.* J'engage ma joute quotidienne avec leur auteur, ce traître tortueux, ce fourbe bien-aimé, en ouverture à toutes les autres joutes de la journée. Quand j'en manque une, c'est une immense frustration. Je ne commence jamais les mots croisés du *Monde* avant d'avoir lu tout le journal, avoir « purgé » l'info. Si je fais trop vite les mots croisés, trop facilement, je passe au sudoku. Et si je ne le termine pas, faute de temps, je le continue dans la nuit et le complète le lendemain matin.

De même que le *Flore*, les mots croisés et le sudoku, j'ai des codes précis, impérieux, que je décline toujours de même, dans mes achats. J'adore les jeans, que mes parents pensaient impensables pour l'écolier que j'étais. Ils m'envoyaient en classe dès mon plus jeune âge, en pantalon et cravate. J'ai depuis dit « Fuck le costume ! », a fortiori quand la Confection devint mon métier. J'ai décrété que je porterai toujours des jeans, des jeans noirs pour « atténuer ». Je leur adjoins la cravate, dont je suis un addict, que j'achète à un rythme aussi frénétique que je les jette. J'ai chaque jour trente cravates « vivantes », que je collectionne, décollectionne et renouvelle.
Mon père se rasait avec une mousse de chez Hobigan, une boîte avec cratères. Je ne me rase plus tous les matins avec Hobigan qui a disparu, me parfume maniaquement. J'ai des montres en nombre, qui me portent chance ou pas. Quand j'inaugure un nouvel objet ou un nouveau vêtement, mais que la journée n'est pas bonne, je ne le porte plus. J'ai accumulé soixante paires de chaussures que je conserve, mais je n'en porte que six. Les cinquante-quatre autres m'ont, en effet un jour ou l'autre, « trahi ».

Je vais, évidemment, toujours, dans les mêmes restaurants. Je suis un parfait rituélique.
Mon seul sentiment de propriété est mon bureau. Il est à moi, j'y rêve, j'y crée, j'entasse là mes objets émotionnels. En comparaison, mon appartement est le lieu où j'ai élevé mes enfants. Ce fut leur royaume, leurs années bonheur, ils n'y sont plus, j'y habite depuis trente ans, le désordre y règne en maître, je ne peux rêver ni créer dans cette confusion, et je n'y ai pas de bureau.
J'ai déjà dit n'avoir nulle propriété, immobilière ou autre. Ma mère disait : « On n'emmène pas sa maison sur son dos ». La

non-propriété est chez moi un facteur de bonheur. Mon plaisir est dans l'immédiat, avoir tout et n'avoir rien, je ne me sens privé d'aucune chose, j'ai passé mon argent dans l'éducation de mes enfants, de belles voitures, jamais dans des biens durables, fixes, dans des maisons. De même, je ne crois pas à l'héritage. Il faut transmettre tout ce qu'on peut tandis qu'on est vivant, pas après. Dans mon bureau, les œuvres que j'ai accumulées, tableaux, objets, jurent entre elles. Elles ne sont pas faites pour se répondre, se correspondre, pour vivre ensemble, mais seulement pour m'aimer moi et être aimées de moi, une à une. Pour mieux vivre ensemble avec vos semblables : qu'ils soient tous différents les uns des autres ; et que vous soyez, le plus possible différent vous-même de chacun.

À cette aune du dissemblable, j'essaye, à chaque collection joaillière, d'être toujours vierge et « immédiat », me fiant à l'air du temps présent, à ses renouvellements et à sa fuite.

## La légende du siècle

J'aime la légende du siècle.
Pas la Légende des Siècles, plus sûr moyen d'assujettir les contemporains à une Histoire mythifiée, dont la transmission, mélangeant le meilleur et le pire, aboutit à tout confondre. Car de cette fameuse Légende, j'ignore les scénaristes. Je veux toujours connaître les scénaristes de ma propre histoire. Et donc la légende du siècle, de mon siècle. Jaurès, De Gaulle et autres, plutôt qu'Obélix, Robin des Bois ou Jeanne d'Arc.
Je suis, en quelque sorte, un pur contemporain. Le bonheur ne s'observe pas dans un rétroviseur, tout ce qui a construit ma vie remonte au plus à la génération précédente. Je vais à Venise à la Biennale, je snobe le palais des Doges en béotien assumé. Le lointain m'insécurise. Comment replacer la construction des Pyramides dans l'échelle du temps, à l'échelle des générations ? Les choses, les monuments, les témoins du passé ne s'inscrivent pas dans la même somme de vie que la nôtre. Ces constructions qui s'étalent sur des décennies excèdent l'existence à échelle humaine. Il en allait de même de la Terre Promise, de l'an prochain à Jérusalem. Une terre et une année, toujours trop loin dans le temps et dans l'espace : tel était le lot des gens du passé. « Vivre jusqu'à cent vingt ans », disaient-ils, pour se donner une chance de voir la Terre Promise… Tout ce qui dépasse mon univers de temps, tout ce qui excède ma propre durée m'angoisse, ne me concerne pas. Seule la modernité est vraie, je veux voir les choses en cours demain finies, bouclées, achevées. Je me moque

de vivre jusqu'à cent vingt ans. Pour moi, le bonheur c'est, en toutes choses, « Cette année à Jérusalem ! »

Rien, dans ce registre de la durée, n'incarne mieux le présent du temps que la « bagnole ».

Je suis toujours le gamin de seize ans qui rêvait de belles « bagnoles ». Elles actualisent le souvenir de ma jeunesse, elles en sont le lointain miroir. Elles constituent aussi, mes « bagnoles », la preuve que je m'administre à moi-même de ma modeste réussite. Mon auto est mon auto-reconnaissance, bien plus que celles des autres, puisque derrière mes vitres fumées, je reste un conducteur anonyme. De même que les Beatles avaient une Rolls mais pas de permis de conduire, mes « berlines » doivent avoir deux portes et non quatre.

Mon plaisir au volant, c'est d'écouter Europe n° 1, tout en téléphonant mains libres, pour, à la différence de l'avion, ne pas être seul, prisonnier de moi-même. À ce titre, j'adore les embouteillages, les beaux encombrements bien compacts. Et puis, quand la route est trop libre, il me prend à l'occasion de rouler à vingt à l'heure, avec les hurlements de mes suiveurs qui pensent à une provocation. Et puis encore, j'aime que les gens se retournent sur ma voiture, non tant que j'en suis fier, mais parce que je rêve que je vais contribuer à alimenter leurs propres rêves, comme ceux que je faisais jadis le long des trottoirs d'Asnières quand passait, rapide et silencieuse, une belle « bagnole ».

Je revendique d'être un envieux, mais non un jaloux. Rouler dans une voiture de luxe, ce n'est pas dire aux Pékins « Salauds de pauvres ! » C'est leur dire : « Peut-être un jour, vous aussi ». Un credo trop facile, un brin démagogique ? Allez savoir…

## J'ai vingt ans

Le rêve n'était pas l'Amérique, alors en pleine guerre du Vietnam, et contre laquelle nous manifestions toutes les semaines ou presque.

Mes lieux désirables sont d'abord Paris, si loin si près d'Asnières, et Londres plus encore, parce que les Beatles, Carnaby Street et les pulls de chez *Harrods*. Le rêve pour le banlieusard que j'étais c'étaient aussi les voyages, même si cela a commencé par Cadaquès, la semaine à six cents Francs au Club Méditerranée, dans des huttes sans eau, en récompense de mon succès au baccalauréat. C'était aussi la découverte du couscous avec mes copains d'Afrique du Nord, par l'ashkénaze que j'étais.

J'adorais Bob Dylan, Joan Baez, Leonard Cohen, mais l'Amérique arrogante m'était insupportable en comparaison de sa grande sœur britannique, qui symbolisait à mes yeux la liberté, la musique, la fantaisie et les cheveux longs, moi qui allais au lycée en costume et en cravate obligatoires. Je pris un jour le train pour Lyon – le TGV n'existait pas. Tous les hommes étaient en costumes bleus ou gris anthracites et portaient des chaussures richelieu. Telle était la France à la fin des années soixante.

Et puis Paris, à dix minutes de train d'Asnières, c'était – c'est toujours – la ville du bonheur et des plaisirs, où l'on allait au cinéma, dans les boîtes, draguer sur les Champs-Élysées le dimanche après-midi.

Mais le rêve absolu c'était l'avion. Car l'avion c'était pour les riches. Easy Jet n'existait pas. Mon premier vol fut à dix-huit ans.

Je fus emporté sur les ailes d'un Boeing 707 vers la Terre Promise.

Retour à aujourd'hui. Comme tous mes contemporains ou presque, pro ou anti, je reste fasciné par la libre Amérique et l'égoïsme américain. « Tout est possible en Amérique ». Entendons que tout y est permis pour les puissants, tous les coups bas, toutes les pourritures. C'est un pays pour les loups de Wall Street et les *nerds* de la Silicon Valley, pudiquement appelés les « pionniers ». C'est l'aventure par les salauds et pour les zombies à mille à l'heure du *Brave new world.* L'Angleterre, hélas, ne me fascine plus. Dans les années soixante et soixante – dix, il y avait tout à Londres qui permettait l'évasion. La Dame de Fer a stérilisé l'Angleterre pour longtemps, les fish and chips sont moins gras, les bières moins alcoolisées, les soirées moins sulfureuses, les boîtes beaucoup plus chères. L'Angleterre est devenue *clean*, *hype*, elle est devenue la proie de la City, et les pubs de Liverpool ferment les uns après les autres.

Paris. Il est de rigueur de déplorer son soi-disant déclin sur un ton définitif même pas navré, de dire « que plus rien ne s'y passe », de quitter la Ville Lumière pour les bords de la Tamise quand on est un jeune broker, futur *bankster* dédié aux *merger acquisitions* pour le compte des fonds souverains azerbaïdjanais ou d'un oligarque biélorusse, et rêvant de s'habiller à Savile Row – il y a trois cent mille immigrés français à Londres, la nouvelle Coblenz d'aujourd'hui. Mais, n'en déplaise à ces nouveaux Émigrés que le de Gaulle de Londres doit regarder d'un œil méprisant du fond de sa tombe à Colombey-les-Deux-Eglises, Paris est resté Paris. La Défense n'a pas (encore) pris le pas sur Saint-Germain-des-Prés, le Marais et Belleville, les artistes y ont encore du temps même si le travail se fait rare, on continue à y boire et manger, à s'engueuler, à rêver d'être ailleurs, mais à y rester toujours et encore.
Le bonheur dans les années soixante, c'est un tableau de

Wesselman, des femmes nues sur la plage. Le bonheur dans les années 2010 : un 4x4 diesel allemand, intérieur cuir.
C'étaient le Pop Art, la boîte de conserve *Campbell,* mais qui, en même temps, facilitait la cuisine à ma mère, c'était la DS, les premières autoroutes, fini le poêle à charbon que je montais chaque jour de la cave, vive le chauffage central, la machine à laver nous libérait du bac à douche, avec la friteuse SEB de chez Moulinex, on avait enfin des frites à la maison, c'étaient Sartre, Aragon et le Petit Robert pour pas cher à la FNAC.
Quel est aujourd'hui l'équivalent pour un gosse de seize ans ? La tablette et ses *apps,* tous sur *Candy Crush* sur le RER B à l'heure de pointe, les *stan smith vintage,* « Découvrez les délires de Cyprien » sur *You Tube*, le *Bucket Challenge* mondial à l'eau froide pour sauver les bébés phoques. Où est la conquête, le mieux vivre ensemble ? Le *Web* c'est le vivre tout seul, à des millions d'exemplaires, c'est envoyer des messages à tous c'est-à-dire à personne, en recevoir de tous, à votre non-personne. C'est la frénésie et l'addiction tactile à la place de l'espoir. Le monde entier en un clic. Plus rien à découvrir. Nous étions des Christophe Colomb à la recherche de possibles Amériques. ILS sont devenus les *geeks* d'une Atlantide virtuelle, décérébrés. Au revoir Sagan, Bonjour angoisse.

## La mort de mon père

Mon père m'a échappé.
Il ne mangeait plus rien. En huit mois, il passa de soixante-dix à cinquante kilos. Je voulais à toute force le faire manger. J'avais de lui le sentiment de son indestructibilité. Il avait quatre-vingt-trois ans et n'avait aucune raison de mourir. Il était certes quasi aveugle à cause du diabète, les vaisseaux sanguins des yeux nécrosés. « Je veux mourir, me dit-il, un jour, car je ne vois plus mes petits enfants ». Il ajouta tout de suite : « Oublie ce que je viens de te dire. Je n'en avais pas le droit. »
Je combattais les rayons chaque jour avec de la nourriture.

Si j'avais à résumer les incroyables moments d'intimité et d'humanité vécus à ses côtés sa vie durant, me viendrait le mot partage. Il faisait rituellement ses mots croisés, et j'étais chargé de consulter le *Larousse* posé sur la table de la salle à manger chaque samedi après-midi, entre mes dix et quinze ans, en interlude à mes devoirs, et je le nourrissais de mots pour la grande grille de *France Soir*.
Dans mes années d'enfance, je me tenais à ses côtés tandis qu'il se rasait avec son blaireau et se couvrait de mousse. Il m'en couvrait de même, se rasait puis du dos du rasoir, faisait semblant de me raser à mon tour. Les années passant, le rite évolua, et mon duvet laissant place à une jeune barbe, il continua à me poser la mousse, m'abandonnant le soin de me raser moi-même.

Durant nos vacances à l'hôtel Beauséjour de Saint-Raphaël, mon père, chaque matin, s'obstinait à commander deux tranches de jambon blanc, qu'il plaçait religieusement dans une baguette fendue en deux après l'avoir tartinée de beurre, le tout à mon intention.

Ces trois partages, je les revivrai avec lui chaque jour de ses mois d'agonie. Il était trop faible pour se raser, je l'y aidais. Les mots croisés étaient sa dernière évasion d'aveugle, je lui lisais les définitions, l'aidais avec le même vieux *Larousse* que jadis et saisissais ses réponses. Incapable de se sustenter, je lui découpais repas après repas sa viande et la lui donnais.

Ma mère, atteinte d'arthrose, était cardiaque. Trois jours plus tard après m'avoir annoncé son désir de mourir, mon père me dit : « Il va falloir que tu prennes soin de ta mère car je ne sais pas comment elle va faire sans moi. » Le fils prit donc la place de son père, avec mission sacrée d'accompagner sa mère. Elle rejoignit mon père après trois ans. Ce fut vraiment pour moi la fin de la route, même si elle se prolonge encore. Mais ce devoir filial, à l'heure de leur mort, envers mes parents, cette restitution finale de l'amour qu'ils m'avaient prodigué, me procura la paix de l'âme, au sein même de mon affliction.
La séparation, selon le cycle naturel du passage de la vie à la mort, et la vieillesse qui s'éteint à son terme, n'enlèvent rien à la déchirure. Se séparer ? Accepter cela ? Non, je ne suis pas un homme de la séparation. Ils ont beau être morts, je ne suis pas séparé d'eux.

## Les restaurants sont des mémoriaux

Ah, aller au restaurant... Ah, aimer les restaurants, ces accompagnateurs de vie, ces témoins du passé, ces condensés de la société.

Si j'avais à résumer mes aventures gastronomiques dès ma jeunesse, c'est-à-dire les restaurants fréquentés avec mes parents et Marthe, je laisserais de côté les auberges et les hôtels en pension complète de nos vacances à Saint-Raphaël, Fréjus, et Valras, j'ignorerais les sorties carnassières chez *Dagorno* à la Villette, pour me concentrer sur les deux monuments culinaires et statutaires de cette première partie de mon existence, *Charlot 1er*, place Clichy, et *La Méditerranée*, place de l'Odéon.

*Charlot 1er*, aujourd'hui remplacé par *Charlot Roi des coquillages*, était un excellent établissement de crustacés et fruits de mer sur deux étages, où mes parents soupaient après leur soirée semestrielle au théâtre à Paris, depuis Asnières, et où nous avions coutume, une fois l'an, d'aller fêter mon passage dans la classe supérieure ou quelque autre événement extraordinaire. C'est là que j'ai pour la première fois mis dans ma bouche cette chose froide et visqueuse trempée dans une sauce à l'échalote, que mes parents appelaient « huître » et dont ils soutenaient, la chose en main, que c'était délicieux. Mon père aimait les belons, ma mère les fines de claires, et moi, seulement le pain et le beurre qui les accompagnaient. Jouant les grandes personnes, jouant au gastronome avisé et transgressif (les crustacés n'étaient pas casher), j'attendais avec impatience qu'ils aient fini leurs huîtres, pour voir arriver dans mon assiette, tel une délivrance, un buisson de bouquet rose, alors que les miens poursuivaient leur terrible expérience sous-marine en se délectant de tourteaux et d'oursins, ces derniers encore plus terribles à mes yeux que les huîtres infâmes. Cet apprentissage halieutique fut loin d'être négligeable, car ce qui resta jusqu'à l'âge de quinze ou seize ans comme une sorte de purgatoire mais aussi de snobisme me permettant de dire au collège et à moi-même que je mangeais des choses d'adultes, devint peu à peu un élément central de mes édens gastronomiques. Moi qui ne les aimais pas, qu'elles dégoûtaient même, j'ai définitivement adopté les huîtres, plates ou pas, j'adore le crabe et je me pourlèche avec la chair des oursins. Merci à ce si attractif repoussoir que fut *Charlot 1er*.

Mais le Palais de la Découverte gastronomique fut *La Méditerranée*. L'établissement de poissons avait le privilège d'accueillir chaque année les deux déjeuners qu'organisaient mes parents, en présence de Marthe, de mon frère et moi, pour fêter leur anniversaire de mariage et le jour du retour de captivité de mon père d'Allemagne, le 1er mai 1945. J'y appris à déguster la bouillabaisse à Paris, meilleure encore qu'à Marseille. J'appris à ne pas m'étouffer avec les arêtes de saint-pierre sans avoir à les cueillir au fond de ma bouche avec deux doigts, au prix de l'apprentissage de la fourchette à poisson et de leur délicat dépôt au coin de l'assiette. Je n'oublierai plus *La Méditerranée,* devenue un de mes ancrages dans la gastronomie océane. Après ces heures bénies de l'amour familial, *La Méditerranée* a accueilli les grands moments de ma jeune et moins jeune vie. Les murs portent les dessins de Cocteau l'élégiaque, ce fut son port d'attache, son Villefranche-sur-Mer à Paris. Le voisinage du Luxembourg et du Sénat m'offre depuis cinquante ans de côtoyer des gens connus, comédiens bruyants au sortir de l'Odéon et sages Sénateurs à rosette. La carte, depuis toujours, offre les plus beaux rougets de Paris, les soles les plus dodues, les bars les plus sauvages. Je savoure tout autant d'y être accueilli par mon nom, à « ma table », près de la terrasse, privilège payé par de longues années où je ne fus qu'un convive anonyme. J'y suis même aujourd'hui presque plus heureux qu'hier, tant chaque fois que j'y retourne, j'y retrouve le beau fantôme de mes parents. Assis à la terrasse, croyant regarder dehors, je cherche le reflet de mon visage, je vois Marthe souriant d'aise à notre table, je lui demande si son turbot annuel est bien rose à l'arrête, je connais d'avance sa réponse que je n'écoute pas, et je surprends l'esquisse des sourires d'antan de mon père et ma mère à cette question rituelle sur la juste cuisson de mets auxquels je n'entends toujours rien.

Deux petits bistrots seront la lice de mes déjeuners de potache.
*Chez Ginette*, en face du lycée Renoir à Asnières, où je déjeunerai tous les midis de la Seconde à la Terminale ; en Prépa HEC au *Chaptal*, en face du lycée du même nom, boulevard des Batignolles, où je me régalerai chaque mardi et vendredi pour oublier les repas au CROUS le restant de la semaine.
*Chez Ginette* était un petit bistrot de lycée, avec flippeur et baby-foot, j'y prenais un hot dog avec un coca, en parfaite cachette de mes parents, petite saucisse de porc oblige. C'est un lieu où j'appris la dialectique tous azimuts. C'étaient les années 68, on ponctuait nos phrases d'une citation, inventée ou pas, attribuée à Marx ou Mao, pendant les heures de cours séchées, aux côtés des copains, pour refaire le monde, et des copines pour rêver à des amours qu'elles nous refusaient systématiquement. C'était un petit troquet à l'étroit, pas très propre, sentant la gitane, dont l'odeur l'emportait sur celle des frites et de la sueur. Il y faisait étouffant, été comme hiver, j'y étais heureux, entre ces deux pôles, l'école et la maison, où je n'étais pas moi-même. J'oubliais tout, je compensais tout, j'étais chez moi.

La bouffe du CROUS était infâme, mais parfaite pour mon porte-monnaie. La Prépa était une sorte de bagne, et le déjeuner était la coupure vitale pour s'extraire de ces journées de bachotages à quoi se résumaient nos cours. On ne sortait pas de Prépa la tête mieux faite mais bourrée. À cette aune, *Le Chaptal* était un petit paradis, où deux fois par semaine je fondais mon budget au profit d'un sandwich gruyère-beurre avec une bière pression, le tout couronné d'une tarte aux pommes. J'y allais seul, à la différence de *Chez Ginette* où nous allions en bande, essentiellement pour retrouver Elisabeth G. qui était en hypokhâgne. Issue d'une famille russe blanche, délurée, cultivée, elle me convainquit pendant ces deux années au *Chaptal* qu'il serait bon de vivre auprès de cette jeunesse bourgeoise dorée du boulevard Pereire. L'argent lui était facile, elle payait souvent mon sandwich gruyère-beurre, elle était toujours très bien habillée, maquillée, et faisait, à la différence de moi, des études « gratuites », hypokhâgne et khâgne, elle visait Sciences Po.
L'expérience de *Ginette* m'a renforcé dans mon rejet de l'intégration sociale et de l'establishment, alors que le *Chaptal,* avec cette jeune fille dorée, me donnait l'envie contraire de m'intégrer dans cette société raffinée qui représentait l'aisance de la vie. Marx d'un côté ; Chanel de l'autre. Révolution *versus* Glamour.
Quarante ans plus tard, les troquets de quartier restent pour moi des moments de fidélité et d'évasion du social. Je gare juste ma belle bagnole un peu plus haut. La seule différence avec *Ginette*, où j'allais m'asseoir au fond, c'est qu'aujourd'hui je me mets au comptoir. Avec mes semblables inconnus.

Ma vie d'étudiant en école de commerce fut marquée par deux restaurants. *La Sologne*, rue de Bellechasse – deux noms nés pour s'accoler – aujourd'hui disparue, et *D'chez eux*, 2 avenue de Lowendal, également dans le 7e arrondissement. Je connus ces deux restaurants avec mon patron de stage chez Roussel-Uclaf,

JPH. *La Sologne*, c'était le gibier pendant la saison des chasses et la viande le reste de l'année. JPH jumela son tutorat professionnel avec celui, plus surprenant, de tuteur gastronomique. Un autre enseignement commençait. JPH m'invitait dans ces deux restaurants, *La Sologne* et *D'chez eux*, un Lyonnais en vue. Il s'agissait dans son esprit de m'apprendre mes futurs repas d'affaires, le sésame des négociations fructueuses. J'allais apprendre à ces deux Tables les arcanes de la gouvernance par la psychologie des hommes et le coup de fourchette, entre un filet de marcassin et une tarte tatin façon grand-mère. C'est là que je saisis que le bonheur n'était pas dans le pré mais peut-être dans l'entreprise, pour autant que le commerce de la parole (appuyé sur de la bonne chair) soit au poste de commandement. Je compris lors de ces déjeuners *D'chez eux*, faits d'un saucisson lyonnais pistaché et d'un tablier de sapeur – du gras-double pané –, arrosés d'un Saint-Joseph et complétés au final par des pruneaux à l'armagnac, que mes journées, si Dieu le voulait, de futur chef d'entreprise, seraient rigoureusement divisées en trois. La matinée, l'esprit clair, occupé à l'éveil des idées, et à un brin de gestion ; le déjeuner, consacré aux papilles et à l'art de la négociation externe ; et l'après-midi, consacré à la digestion et à tirer les leçons pour le bien de l'entreprise, du pouvoir de la côte de bœuf aux pommes de terre rôties et du Paris-Brest, sur les contrats à venir.

Nous parlions beaucoup, mangions goulument, buvions tout autant. Je découvris qu'on pouvait rester deux heures à table, que le service n'était jamais long, tant la conversation était le vrai plat de résistance. JPH était à la fois homme d'affaires, capitaliste de gauche, et penseur de son temps. Cette conjonction était donc possible ; et je réconciliais à son contact mes deux postulations adolescentes, entre la révolution et l'ambition d'être un autre.

Par sa bonhomie, sa compétence managériale autant que gastronomique, sa volonté amicale de m'ouvrir sur le vrai monde de l'entreprise, JPH contribua à faire du puceau managérial que

j'étais un *insider*, apte à saisir les enjeux extra-économiques du monde des entrepreneurs. Il était lui-même un jeune cadre supérieur, l'assistant du Président de Roussel-Uclaf, bien dans sa peau, aussi heureux dans l'entreprise qu'en société, et j'en conçus à mon tour une vraie envie de faire, tôt ou tard, partie du Club des managers heureux, qu'ils soient dans l'ombre ou au pouvoir.
Le contestataire se rangerait-il ? L'avenir allait bientôt le dire. L'entreprise serait-elle mon abbaye de Thélème, ou mon aggiornamento ? Allai-je rendre les armes au capitalisme ?

Sur le campus de HEC, il y avait un restaurant des professeurs ainsi que le restaurant de l'*Holiday Inn*, qui était un grill. Jeune professeur à HEC, je pris le pli avec mon mentor Haymann d'aller, en marge de mes collègues, anciens d'HEC qui regardaient de haut l'intrus moins diplômé que j'étais, déjeuner au restaurant des professeurs, un self-service haut de gamme, à mi-chemin entre les buffets de plein air du Club Méditerranée et les Resto U du Crous. Largement subventionnée par la Chambre de Commerce, la nourriture y était d'une haute qualité, le seul inconvénient étant que les repas ne jouaient en rien le rôle de coupure dans la journée, tant les conversations, mécaniquement, étaient d'ordre pédagogique. Outre que les tables n'étaient pas exemptes de tension. On vivait à HEC une confrontation feutrée entre, d'un côté, les professeurs « à profil académique », souvent issus pour leurs doctorats de l'enseignement des universités anglo-saxonnes déjà terriblement prisées, et d'un autre côté, les professeurs « à profil managérial », qui considéraient que le management n'était pas une science sociale faite par et pour des chercheurs en vue d'une économie et d'un monde plus efficaces et productifs, mais une stricte discipline, en application des sciences économiques, visant à former les esprits à tout faire, à tout oser, pour le seul bien et les profits de l'entreprise.

Les joutes oratoires, les combats d'idées, les jalousies personnelles troublaient notre quiétude gastronomique. Une fois par semaine, Haymann m'emmenait donc déguster une grillade à l'*Holiday Inn*, l'établissement voisin situé au centre de formation. On y déjeunait – tranquillement – d'un buffet de crudités et de cochonnailles, suivi d'une grillade assortie de frites ruisselantes, qui précédait elle-même un bon café, pour une somme que j'ignorais puisque Haymann ne me laissait jamais payer. J'appris au cours de ces tête-à-tête ce que c'est que l'amitié d'un grand aîné qui se veut votre pygmalion et, en la circonstance, entreprend de vous convaincre que le professorat, contrairement à ce qu'il ressortait du restaurant des professeurs et de son climat d'antagonismes jaloux, est un état privilégié, qu'il n'y a pas de plus grand bonheur que la transmission des connaissances.
Je mesure aujourd'hui combien ces deux déjeuners antinomiques au restaurant des professeurs et au grill de *l'Holiday Inn* furent un chemin initiatique, tant j'eus envie de ressembler à mon tour à Haymann, et vouloir transmettre à d'autres l'esprit des choses autant et plus que les choses elles-mêmes. Y avait-il chez Haymann une sagesse tranquille que je n'aurais jamais ?

Si mes déjeuners de la semaine étaient occupés par de hautes préoccupations pédagogiques, mes repas du week-end étaient non moins initiatiques. C'étaient les dîners de shabbat chez ma belle-mère, où j'appris le couscous-boulettes tunisien, et les déjeuners dominicaux où mon épouse m'entraînait avec mes parents dans des restaurants cashers, comme *Nini* ou *Les Ailes*. Je n'y ai pas découvert de plats nouveaux, que je connaissais par l'entremise culinaire de mes copains rapatriés d'Afrique du Nord, mais c'est là, autour des bricks à l'œuf et du complet poisson, que nous posâmes sur la table, mon épouse et moi, la question de la transmission à nos deux enfants de la tradition juive. Choc des cultures entre le laïc ashkénaze totalement assimilé que j'étais et la jeune séfarade pratiquante qu'elle était : la gastronomie casher fut le moyen le plus sûr que mon épouse trouva alors pour me faire rentrer dans un judaïsme des plus soft mais suffisamment conforme à ses convictions. Je ne mange pas casher à la ville ; à domicile, oui. Cette gastronomie, au départ exotique, fut l'écriture la plus convaincante pour pousser un laïc tel que moi au minimum communautaire.

L'étape d'après s'appelle Boussac. Ma véritable entrée dans la vie active au sortir de mon professorat à HEC. Mon entrée dans la Comédie Humaine, professionnelle et managériale. Les deux symbolisées par *Ramponneau*, avenue Marceau à deux encablures de l'Arc de Triomphe.

*Ramponneau* était le temple des déjeuners et des dîners d'affaires, à mi-chemin de la brasserie de luxe et du restaurant traditionnel. On y dégustait une côte de bœuf aux pommes de terre rôties, un gigot flageolets de grande classe, une andouillette qui sentait vraiment l'andouillette, la cave recelait des bordeaux parfaits et il y avait encore bien d'autres choses tout aussi délectables. La nappe était blanche, le service à l'ancienne, l'addition salée. On la réglait d'un geste auguste et désinvolte, à l'aide des premières cartes de crédit « Corporate ». Le souvenir de *Ramponneau* est à la fois délicieux d'un point de vue gastronomique, et en même temps douloureux, sinon coupable. L'état-major de Boussac Saint Frères, tout en dînant dans ce havre succulent et y réglant des notes copieuses, licenciait dans le même temps, contraint et forcé par la crise du Textile, des milliers de pauvres gens dans les usines du Nord, de la Somme et de l'Est de la France. Loin de moi de dire qu'il se pratiquait chez *Ramponneau* des abus cyniques, mais cet apprentissage de la dualité abyssale des situations, du hiatus entre le social et la sainte gestion, m'a marqué à jamais.

Je fus recruté chez Bidermann par mon second mentor d'HEC, Georges Jollès, qui négocia et conclut avec moi mon embauche, chez *Ledoyen*. *Ledoyen* était et reste le numéro un dans la hiérarchie des mangeoires entrepreneuriales parisiennes. J'ai adoré *Ledoyen*, qui symbolisa ma légitimation d'entrepreneur. Être choisi par Jollès, Président du directoire de Bidermann, et l'un des gestionnaires les plus talentueux de sa génération, pour le seconder dans la branche « Uniformes » et la remise à niveau de son groupe, était ma première vraie consécration. Et *Ledoyen* en était le sceau. Déjeuner là, c'était comme pour un jeune écrivain recevoir le prix Médicis chez *Drouant* pour son premier roman. Je me rappellerai toute ma vie le menu de ce déjeuner. Nous commençâmes par un foie gras truffé, continuâmes par des coquilles saint-jacques au blanc de poireaux, arrosées d'un Meursault. Georges appela le chariot de fromages, que nous arrosâmes d'un Nuits-Saint-Georges. Toutefois, nous ne prîmes pas de dessert, nous contentant d'un sublime expresso et d'un petit cigare que l'on pouvait encore, à l'époque, fumer en salle. Je suis retourné chez *Ledoyen* jusqu'à l'orée des années quatre-vingt-dix, toujours avec Georges. Chaque repas marquait une étape dans ma carrière à ses côtés. J'ai appris là que j'allais être nommé à la tête de Saint-Laurent pour Homme, c'est là qu'il me confirma la prise de Kenzo Homme. *Ledoyen*, où je ne suis plus jamais retourné depuis, a toujours été pour moi le symbole de ces lieux où l'on vient recueillir ses premiers lauriers puis toucher ses trophées à répétition d'homme en place. C'est surprenant, alors que j'ai une parfaite répulsion pour l'idée même de trophée : mais la relation avec Jollès a fait de ce lieu qui symbolise ce que je n'aime pas et ne suis pas, une exception qui confirme la règle.

Ma société Tehen élut comme proches cantines la *Poule au Pot* et *Le Petit Jardin*, tous deux rue de l'Université dans le 7$^{e}$ arrondissement à Paris. Je garde de mes années Tehen trois souvenirs

gastronomiques, trois bonheurs : *Le Petit Jardin*, où je mangeais le samedi midi avec mon équipe « Collections » une poêlée de girolles et une andouillette ; *La Poule au Pot* à quelques pas de là, où nous déjeunions quand il faisait froid d'une vraie poule au pot en laquelle je retrouvais les saveurs exactes de la poule au pot de mon enfance ; le légendaire *Goldenberg*, appelé « *Goldo* », où je déjeunais le dimanche, seul, d'un plateau de charcuterie casher et d'un pot de cornichons, avant d'ouvrir le magasin Tehen rue des Rosiers. Ces trois restaurants typiques représentent dans l'arc-en-ciel de mes souvenirs, des moments d'émotion tranquille où je rêvais à l'évolution de mes collections Tehen, et chez *Goldo*, aux femmes dans la cité, c'est-à-dire, l'heure d'après, à celles qui rentreraient dans mon magasin d'à côté pour s'y faire belles sous mes yeux intéressés. Mais le dimanche, et sa redécouverte à chaque fois des charcuteries de mon enfance, c'était aussi l'angoisse du chiffre d'affaires que je devrais réaliser avec ces Parisiennes si fines, si avisées, si ludiques, qui m'apprenaient sur le tas comment leur vendre ce qu'elles désiraient acheter.
La gastronomie de ma quarantaine aura été parmi d'autres un des chemins de ma liberté.

L'étape d'après, Vestra, ne fut pas une promenade de santé.
J'endossai la tâche impossible de gérer le redressement d'une affaire textile dans l'Est, à Bichwiller. Je récupérais l'entreprise alors qu'elle négociait avec les banques l'abandon de la moitié de sa dette, en contrepartie d'une augmentation de capital par ses actionnaires et d'un « plan de restructuration » qui ramènerait impérativement les effectifs de 1800 personnes en 1996 à… 140, cinq ans plus tard !
Beaucoup y verront l'illustration de l'agonie en France de l'industrie textile et la marque d'un capitalisme sans âme. Mais quand j'aurai dit que la restructuration de Vestra et le licenciement de

1660 personnes auront coûté autant que le montant de l'abandon de la dette, et que l'entreprise sera morte d'épuisement en bout de course, on en conclura que la seule décision qui aurait dû être prise en 1996 était l'abandon pur et simple de la totalité de la dette. De 1996 à 2001, aucune des ressources générées par Vestra ne servira à autre chose qu'à payer les banques et solder les licenciements. Le courage politique, le courage économique, le courage social eurent été de ne pas prendre de demi-mesure, et de vider d'emblée l'abcès.
Cette aventure tragique sur tous les plans, économique autant qu'humain, je l'ai vécue « exilé » en Alsace afin de conduire au mieux sur place une politique qui me révoltait, et non pas depuis le lointain Paris et ses ondes feutrées. Si j'ai pu supporter la tension et le désespoir qu'engendrait la gestion d'un tel désastre, je le dois, entre autres, à deux établissements de bouche, l'*Auberge du pont de la Zorn*, près de Bichwiller, et *Chez Yvonne*, un bistrot alsacien non gastronomique, au cœur du vieux Strasbourg.

*Chez Yvonne* était une taverne alsacienne à deux pas de la cathédrale de grès des Vosges qui porte à l'extérieur, sur le portail sud, la fameuse sculpture de la Synagogue aux yeux bandés. Après François Mitterrand, Jacques Chirac et Helmut Kohl qui y avaient leurs ronds de serviettes quand ils passaient par la capitale de l'Europe, je payais à mon tour une visite *Chez Yvonne* quand je faisais étape à Strasbourg. Cette taverne bourgeoise cuisinait une succulente choucroute royale pour le républicain que je suis (c'est à Strasbourg que Rouget de L'Isle improvisa les notes de la Marseillaise), d'incroyables jarrets de porc au chou, des salades de cervelas et de gruyères arrosés des meilleurs vins d'Alsace. Dans ce décor traditionnel d'une vieille maison à colombages, je me trouvais dans un lieu de pouvoir et d'appartenance à ce monde de ceux qui savent ce qu'est la vraie vie et qui peuvent se l'offrir, même si *Chez Yvonne* n'était en rien un établissement hors de

prix. Ce n'est pas dans les institutions les plus fameuses, les lieux les plus huppés ou dans le miroir de l'actualité, ce n'est pas chez les meilleurs amphitryons, que le sentiment d'appartenance se vit et se ressent au plus juste de soi-même.
J'avais été initié à *Chez Yvonne* par un ami, presque un frère, Roland Bloch. C'est là, à une table pour habitués, que j'appris un soir de janvier 1997, lui à mes côtés, la mort de mon père. Et pour m'empêcher de me prendre dans l'instant la route vers Paris, et être sûr que je ne la prendrai pas, il s'envola avec moi le lendemain matin. Il m'avait emmené *Chez Yvonne* ce soir-là pour me dire la chose suivante : « Mon cher ami, la mission que tu entreprends chez Vestra sera ton chemin de croix. Elle tient des douze travaux d'Hercule, mais risque fort de se limiter à nettoyer les écuries d'Augias, avant de les fermer à jamais. Pour le courage dont tu devras faire preuve, tu gagneras de fréquenter ce haut lieu des gens qui se coltinent, en grand ou en petit, le monde tel qu'il est et les hommes tels qu'ils sont. »
Malgré cette belle déclaration, cette invitation et cet encouragement, et même si je garde de *Chez Yvonne* de beaux souvenirs de saveurs de table, si ce fut un lieu d'alsacianité pour le lointain descendant d'un aïeul français parti à Paris en 1870 par refus de devenir allemand, et quelle qu'ait pu être l'amitié de Bloch, le bonheur et le plaisir n'étaient pas au rendez-vous *Chez Yvonne* à l'ombre de la cathédrale de grès rose, pendant les cinq ans de calvaire que je vécus en Alsace. Ils eussent même été illégitimes.

*L'auberge du Pont de la Zorn* était une adorable petite auberge à l'entrée d'un ancien pont en bois enjambant une modeste rivière dans la plaine d'Alsace, à quelques kilomètres de Bichwiller, près de Starsbourg, où se situaient l'usine et mes bureaux. Cette auberge avait quelque chose d'insignifiant, j'y dégustais de savoureux jarrets de porc caramélisés, une choucroute fumante, j'y mangeais des salades de gruyère et de cervelas, mais à la différence de *Chez Yvonne* on ne mélangeait pas les deux. Il y avait un foie gras d'oie avec des toasts briochés, des flammeküche salées et sucrées, et tous ces mets étaient arrosés d'un Pinot d'Alsace en pichet parfaitement enivrant.

Je me suis restauré dans cette *Auberge du Pont de la Zorn* trois fois par semaine. J'en ai hérité dix kilos de plus. Mais surtout ces déjeuners réguliers furent le théâtre avec mes collaborateurs, avec les autorités locales, avec les banquiers à nos trousses et autres fossoyeurs, de quasi permanents partages d'angoisse, ou de confrontations en rien feutrées, que seule la chair empêchait de mal se terminer. C'est au cours de ces déjeuners que nous mettions sur la table les vrais chiffres, un jour avec le directeur financier, le lendemain avec le directeur industriel ou le directeur commercial. Nous découvrions le chiffre d'affaires, les affres de la trésorerie, nous évoquions les conséquences sociales inévitables, la situation irréversible de l'entreprise. Ces déjeuners supposés d'affaire se transformaient en déjeuners d'enfer.

Est-ce à dire que je les regrette ? Sûrement pas. Car ces hommes à mes côtés, ces compagnons d'infortune, avec lesquels je les ai partagés, je les ressentais comme des frères d'armes et parfois des frères d'âme. La nourriture de l'auberge nous tenait chaud au corps dans ce combat perdu d'avance mais qu'on menait tout de même, et ces déjeuners prenaient des allures de bivouac à la veille de la bataille contre un ennemi infiniment supérieur en nombre. On ne rendrait pas les armes. On a tenu cinq ans.

Mais *L'auberge du Pont de la Zorn* représentait plus encore que ce principe de résistance. Ma mère mourut en août 2000, je revins en Alsace après l'enterrement et pendant cinq semaines je vins déjeuner seul tous les jours à l'auberge. C'est là pendant ces déjeuners solitaires que je pris la décision de changer de vie, d'en finir avec ce métier de mercenaire industriel. J'avais tenu mes engagements vis-à-vis de mes parents : sortir de la pauvreté, assurer aux miens la sécurité, mais la page se tournait. J'irai jusqu'au bout chez Vestra. Mais après, plus jamais ! Le mois passé, ma résolution prise, je ne suis plus revenu à *L'auberge du Pont de la Zorn.* Le deuil de ma mère avait emporté l'auberge en même temps qu'il fermait cette page de mon histoire.

Retour à Paris. Je rentre chez Mauboussin en 2002 et mes fréquentations gastronomiques, les restaurants-bonheur vont être l'objet d'une révolution copernicienne. La gastronomie parisienne va paver ma route, celle du Petit Chose qui entend devenir Quelqu'un, à tout le moins un « mensch », et qui entame enfin sa marche sur le chemin de roses et d'épines du bonheur d'être un nouveau lui-même et son propre maître.

Ma grand-mère Marthe, c'était l'affection par la nourriture et sa succulence toute simple. Paris, par la gastronomie, va devenir une sorte de Marthe collective, bienveillante et aimante. Mes lieux « marthiens » seront l'*Hôtel Costes, Lipp, L'Ami Louis, Chez Denise, La fontaine de Mars, Le Flore.* Sorti d'eux, point de salut.

*L'Hôtel Costes*

Au milieu des années quatre-vingt-dix, je fréquente de manière anonyme cette lice de la branchitude internationale très au-dessus de mes moyens, où je vais déjeuner le samedi dans les petits salons imitation Napoléon III.

Jean-Louis Costes a voulu ce palace rétropolitain à l'image des grands appartements Empire de la rue de Rivoli voisine. L'élégance y règne par nature, le décor, la lumière, l'atmosphère du passé embellissent les dîneurs. Mes escapades luxueuses, pour le patron de Tehen que je suis, se donnent comme prétexte ma recherche d'idées et de looks pour mes prochaines collections, et je passe en revue tous ces Heureux du monde, golden boys et girls échappés d'un roman de Bret Easton Ellis, tandis que je déguste un aller-retour aux herbes, non sans contempler les

jambes interminables des mannequins suédois, russes, corto-maltais venant au *Costes* comme si elles défilaient « en ville » en quête d'un prochain shooting. Dans ces années-là, l'*Hôtel Costes* est mon hôtel des ambitions et des illusions pas encore perdues, miroir avantageux de ceux qui le fréquentent, où tous, serveurs compris et serveuses savamment décolletées, se meuvent en un casting sans fin sous les sunlights, tels des trophées à saisir.
Dix ans plus tard, quand je reprends Mauboussin à un jet de pierre de là, je déjeunerai plusieurs fois par semaine d'un tigre qui pleure, des petits nems au poulet, ou d'une sole grillée. Jean-Louis Costes, le plus parisien des natifs de l'Aubrac, a gardé une conception villageoise du monde, se représente Paris comme un très gros village français, et il a fait de son hôtel une Ambassade de France pour étrangers au cœur battant de l'Hexagone. Au point que les serveurs doivent parler exclusivement français (« J'ai du mal à recruter du personnel qui ignore l'anglais, mais j'y arrive encore ») et que les menus, loin du sabir franglais du fooding, sont écrits dans la seule langue de La Reynière, alors que sa pratique – ainsi nommait-on la clientèle jadis –, est la plus cosmopolite qui soit.
Ce bistrotier de génie va devenir un ami, non moins que le patron des cuisines, Didier Coly. Dix ans plus tard, le décor n'a pas changé, la clientèle est toujours aussi snob, l'atmosphère aussi glamour, les serveuses aussi sexy, les mannequins toujours plus *top*, les additions de même, et le regard que j'y porte plus vif et acéré. J'y scrute la tribu mouvante des privilégiés, des Griffés, des « names » en cours et des noms « montants » au box-office, j'y trouve une source d'inspiration pour les bijoux que je crée, et que je veux accessibles, eux, à toutes les femmes. Y compris celles qui n'iront jamais parader au *Costes*.

*Lipp*, contrairement à ce que l'on pourrait penser, n'est pas à l'opposé de l'*Hôtel Costes*. Dès le début des années quatre-vingt, de

temps en temps, y conviant mes parents, « Je vais Chez Lipp », comme disent les habitués pour signifier qu'ils font partie depuis toujours des murs, des fresques de faïence au-dessus de leurs têtes et des banquettes de vieux cuir.
Je resterai jusqu'en 2005 un parfait anonyme, que Roger Cazes, le redoutable maître des lieux et du cérémonial, expédiait sans autre forme de procès au purgatoire du premier étage. C'était le temps de la choucroute garnie, de l'andouillette grillée, le samedi, de la salade de museau et du gigot rôti froid salade verte. J'ai raconté plus haut ce moment triste où, apprenant l'amitié jamais démentie de François Mitterrand pour l'infâme René Bousquet, j'abjurerai mon mitterrandisme et deviendrai un apostat sans retour.
Ma vie chez *Lipp* va de nouveau basculer un samedi midi de 2005 où je viens déjeuner avec mon ami G., qui avait retenu notre table. « Bonjour Monsieur G., bonjour Monsieur Némarq » : le directeur de la salle nous conduit sur la banquette d'angle à droite de la porte à tambour et nous avons droit à un service de roi, comme tous les meilleurs habitués, hommes politiques, Germanopratins de légende, écrivains goncourables. G. voyant mon étonnement, mon ravissement presque, me dit : « Qu'est-ce qui vous gratte, cher Alain ?
– Cela fait vingt-cinq ans que je viens dans ces lieux, et c'est la première fois que j'entends mon nom sortir d'une bouche de chez *Lipp*. »
G. prend une gorgée de bière, appelle le chef de rang : « Cet accort commensal est un ami outre que le patron de Mauboussin. Vous voyez ce que parler veut dire… »
Le chef de rang se penche : « Monsieur Némarq, vous êtes ici chez vous. »
*Lipp* ne fut plus une cantine mais un nouveau chez moi. J'y déjeune et dîne avec ma famille, mes amis, mes clients. J'y partage mes joies et mes emmerdements sans chichi et sans gêne, dans le réconfort d'une gastronomie simple, juste et vraie. Et nominative.

Cela s'appelle avoir son rond de serviette au banquet des Dieux.

J'avais depuis plusieurs années mon rond de serviette au *Fouquet's.* Mais depuis un certain soir électoral de mai 2007, le Paris politiquement correct ne regarde plus du même œil la fréquentation des lieux. Je suis de ceux qui pensent que l'on peut continuer de fréquenter le *Fouquet's* et son club, à déjeuner, parce que *le Fouquet's,* « C'est Paris », de même que le French cancan du Moulin Rouge ou le Pont des Arts, que ce n'est pas seulement un lieu de célébrations politiques ou cinématographiques. Ceux qui ont gardé l'indépendance d'esprit d'y venir déguster un merlan Colbert, ou l'un des meilleurs tartares de bœuf sur l'avenue des Champs-Élysées, sont, comme tous les Parisiens depuis un siècle et demi, aux premières loges de cette artère de légende qui est un monde à elle toute seule, un résumé vivant des passions françaises. La France officielle y défile, de même que les supporters les soirs de grands matchs, y compris ceux qui sifflent la Marseillaise au Stade de France. Tels les Noirs américains fuyant le Sud ségrégationniste pour monter vers la Grosse Pomme, ses mirages et ses promesses de liberté, les jeunes des banlieues accourent le samedi soir contempler les Lumières de la ville et tous ces attracteurs que forme la succession des vitrines pleines de merveilles consuméristes éclairées *a giorno*. Les « Marques », Louis Vuitton, voisinent avec les Mac Dos et les shows rooms automobiles. Mauboussin y a élu domicile. Les familles nombreuses avec les femmes en hijab croisent des groupes de jeunes en runnings flashy. Les dragueurs de minuit en gomina arpentent les galeries commerciales. Et les exilés fiscaux qui continuent de se sentir des droits sur la France sans les devoirs qui vont avec, viennent goûter au *Fouquet's* des plaisirs qu'ils n'ont pas trouvé à Londres, à Genève et ailleurs.

À l'opposé parfait du *Fouquet's* et de tout ce qu'il représente, il y a *Chez Denise*, l'un des plus vieux restaurants de Paris aux Halles, dont il était et reste un des derniers hauts lieux.

On y mange la meilleure cochonnaille de Paris, le foie gras y est à mourir, la côte de bœuf à défaillir, le haricot de mouton effarant, les rognons de veaux inénarrables, les tripes à la mode de Caen je ne vous dis que ça, et pour les non carnivores il y a un haddock mieux qu'à la maison, un saumon à la moutarde, et un thon au poivre vert dont on ne revient pas. Inutile de dire que le baba au rhum, la mousse au chocolat, l'île flottante, la crème caramel sont tout autant champions. Mon tout, comme il se doit, est servi sur une nappe à carreaux rouges et blancs, le vin est tiré au tonneau au bar, la patronne et son fils semblent sortis d'un film d'Henri Verneuil avec Lino Ventura. Tourné sur place comme *La grande bouffe* de Marco Ferreri, il y a quarante ans au lendemain de la destruction des Halles de Baltard, ce film réparateur de passé pourrait s'intituler *La belle bouffe*.

*Denise* n'est pas qu'un restaurant. C'est le lieu d'élection où je régale mes clients et, non moins, mes collègues.

J'avais un très bon distributeur à Nîmes. Si bon que nous avions à décider d'un éventuel mariage et d'une boutique Mauboussin sur ses terres. Je savais mon homme et son épouse grands vivants. Avant de conclure ce mariage d'intérêt et de raison, je décidai de lui dire : partageons un brin d'intimité. Connaissons-nous. Et peut-être nous aimerons-nous de bonne et vraie amitié. Ce fut un souvenir inoubliable. Nous nous sommes mariés chez *Denise* et si bien, que ni eux ni moi ne savons à ce jour comment nous procédâmes pour gagner la porte de chez *Denise*. Mais la cause était entendue, et nous sommes, depuis lors, de très bons et très fidèles conjoints d'affaires et d'amitié.

Quelques années plus tard, ayant promis à mes équipes de fêter comme il se doit les performances exceptionnelles que nous avions réalisées pour les Fêtes de Noël 2011, permanents, intérimaires me firent la surprise d'arriver en tenue de soirée dans ce troquet rabelaisien. À mon tour, me dis-je, de leur jouer un tour. Je commandai les mets les plus caloriques, les vins et les champagnes

les plus onctueux, avec la malicieuse pensée qu'aucune de ces belles – ne parlons pas des hommes – ne terminerait la soirée sans dégrafer la ceinture de sa robe de parade et que le défilé final de ces dames en talon haut ne manquerait pas d'imprévu.
Parmi les petites et grandes manœuvres de la séduction, inviter une femme qui ne vous laisse pas indifférent au restaurant, ce classique entre tous les classiques, c'est d'abord la mettre en situation de société, la fêter et briller à ses côtés, mais c'est aussi, parfois, espérer lui faire perdre de sa réserve et de son quant-à-soi par le secours de la chair et des breuvages appropriés. Je ne saurais trop recommander aux aventuriers impénitents de la séduction les parfaits complices que sont les établissements tels que *Denise.*

Je n'aurais pas osé mettre le pied chez *L'Ami Louis* avant mon entrée chez Mauboussin.
La première fois, ce sera, de fait, sur la pointe des pieds. Le lieu est le symbole du bistrot fréquenté par les puissants de ce monde. Chacun sait que le Président américain, le Premier ministre britannique, Angela Merkel y vont quasiment en visite officielle une fois sur deux, quand ils viennent pour affaires à Paris. Le reste de la clientèle se compose des grands chevaliers d'industrie, des têtes du CAC 40, les grands couturiers et les artistes stars complètent la galerie. Tout ce beau monde a fait de *L'Ami Louis* un lieu-dit d'exception, où officie l'empereur Louis, entouré de garçons glorieux dans leur tablier blanc comme des maréchaux d'empire. La sélection de la clientèle se fait à la notoriété ainsi qu'au portefeuille : la côte de bœuf est à soixante-dix euros, le plat de cèpes à cent vingt, le foie gras à quarante-cinq. Les fraises avec leurs jarres de crème fraîche sont exceptionnelles en toutes saisons, la carte des vins est à mourir, et s'il faut se rendre en taxi rue du Vertbois et non avec sa propre limousine, la raison en est l'état d'alcoolisation au sortir de cet estaminet sans pareil. Mais il ne suffit pas d'être riche, puissant, argenté et bon buveur pour

être ami de *L'Ami Louis*. Il faut être un gourmet. Qui ne saisirait pas la qualité des mets n'y aurait pas sa place de convive. Je suis venu plusieurs fois en famille chez *L'Ami Louis* pour cela. Mais j'y viens aussi à des fins plus terrestres. Annoncer à un client, à un fournisseur, que nous nous retrouverons chez *L'Ami Louis*, c'est lui signifier son importance et un statut avantageux, c'est engager une négociation sous des auspices favorables.
J'adore ces moments de débauches caloriques et d'outrances nourricières avec ces parts gargantuesques chez *L'Ami Louis*. Mais le plaisir que j'éprouve en ce lieu a une limite. Je m'y sens plus qu'ailleurs encore le Petit Chose de jadis, qui écarte ici le rideau, se faufile dans la cantine d'un monde qui ne sera jamais complètement le sien.

*La Fontaine de Mars* est un restaurant rue Saint-Dominique où je viens de temps à autre déjeuner ou dîner en famille sur des nappes à carreaux, d'un pâté en croûte, d'une andouillette frites, d'un blanc de poireaux vinaigrette ou, en saison, d'une pièce de fenaison. La patronne est une amie, les serveurs sont accueillants, on y est à l'étroit sauf l'été en terrasse, j'y suis un ami anonyme reconnu à son seul visage, pas à son nom. On y mange et on y discute bien, avec les encouragements discrets d'une bouteille de Bordeaux, on y refait gentiment le monde avec ses proches. Il ne viendrait à personne l'idée d'y faire des repas d'affaires. Tant la seule affaire ici est celle du simple bonheur de vivre.
Dans un lieu où l'on exporte sa famille, on ne mange pas les mêmes choses que dans des repas entre individus où chacun choisit ses plats selon son goût et ses appétits. En famille au restaurant, nous mangeons tous la même chose, partageons les mêmes plats, et rien ne doit rester. Les portions sont plus copieuses puisque le restaurateur les additionne toutes ensemble dans une même présentation et les augmente de ce fait. Manger en famille, au

restaurant, c'est avoir une même bouche, les mêmes yeux pour la nourriture, c'est tenir une même conversation où chacun entrecoupe et apostrophe chacun. C'est constituer une petite Cène prosaïque et profane.

## L'amitié, un bonheur qui vous veut du bien

Les amitiés véritables me vinrent sur le tard. Je suis par nature peu enclin à m'ouvrir aux autres parce que c'est mon jardin secret. Mais l'entrée dans une société de fraternité m'aura appris à reconsidérer mon rapport à autrui. Ses amis de l'intérieur m'auront permis et même autorisé à me faire des amis à l'extérieur.
1997. Je viens de perdre mon père, je vais perdre ma mère sous peu. Reste la fraternité qui va me plonger dans une grande visite intérieure où la recherche du connais-toi toi-même va m'astreindre à rechercher le miroir des autres.
Je plains les gens sans amis. Sans eux, pas d'amitié avec soi-même.
Qu'est-ce qu'un ami à mes yeux ?
Il y a quelques années, je fus invité aux soixante ans d'un ami qui n'en était pas encore un. Il nous tint à peu près ce discours :
Il y a trois conceptions de l'amitié. Celle de l'ami Montaigne. On a un ami, un seul, pas deux, pas trois ou cent cinquante. C'est l'élu, l'unique, le frère, l'âme-sœur. Il éclipse tous les autres, il est tout pour vous, vous êtes tout pour lui. « Parce que c'était lui, parce que c'était moi ». Vous êtes si amis, vous êtes si lui-même, il est si vous-même, qu'on ne sait plus très bien si c'est lui, Étienne de la Boétie, ou vous Montaigne, ou tous les deux, qui avez écrit le *Discours de la servitude volontaire*, qu'il a signé seul, en toute bonne foi et avec mon plein accord, puisque vous ne faites qu'un dans votre esprit à tous deux.
Deuxième conception de l'amitié, Proust. Amitié si l'on peut dire, par antiphrase. L'ami est celui que l'on n'a, hélas, pas le

temps d'aimer, d'entretenir de mots, de se confier, car l'amitié fait perdre du temps, nuit à vos travaux et vos jours, à l'œuvre en cours, à votre dévolution à eux, à elle, à votre dévoration par elle. Fuir donc au maximum les amis anciens ou possibles, s'en protéger à regret, pour mieux les aimer à distance dans le seul lieu où ils ne vous font pas perdre votre temps : le travail, l'œuvre en cours. N'avoir pas d'amis, ne nouer que des « relations », sociales par en haut, amoureuses et sexuelles pour le reste.
Troisième conception, l'amitié-bande, l'amitié-clan, où un ami vaut par lui-même et par sa réunion à vos autres amis. Un club d'égaux, de complices, qui vous accompagnent dans vos aventures, les partagent, les nourrissent, les embellissent, les contiennent. Une amitié mousquetaire, faite aussi de bleus et de bosses, où les combats se mènent ensemble, où échecs, défaites intimes, demi-victoires, « coups », s'avouent réciproquement. Un creuset où se côtoient des frères d'adolescence, les aînés d'alors, les protecteurs et les parrains anciens, des compagnons de route, de gentilles âmes damnées, d'autres encore.

Ce soir-là, j'avais le sentiment d'être le témoin anonyme d'une grand-messe de l'amitié où tous les présents se connaissaient depuis longtemps. J'eus la gourmandise d'être compté, coopté, un jour peut-être, au sein de ce groupe si ouvert et en même temps fermé, aux règles établies, aux rituels arrêtés, auquel ce soir-là on m'avait ouvert la porte pour m'y convier. J'avais à ma table une belle et jeune actrice. N'étant pas d'un naturel disert, je me suis mis à rêver à mon propre anniversaire quand j'aurai soixante ans. Le problème, découvrais-je, était qu'il n'y aurait que des mâles, qu'un ami, peut-être atteint déjà de Parkinson, ferait le discours sur l'amitié, brosserait un tableau de notre jeunesse qui ferait apparaître nos âges en commun un peu plus vieux encore.

Une autre question me vint au cours de ce dîner : suis-je vraiment devenu mon propre ami ? Pendant longtemps, je ne l'ai guère été, pour pas ne pas dire davantage.

Je le suis devenu peu à peu, je me suis concilié avec moi-même. J'ai pris du champ par rapport à l'intelligence absolue, à la beauté physique, à la richesse, à l'assurance des autres. Ne pas regretter les routes que nous n'avons pas empruntées à tort ou à raison. J'ai renoué avec la définition sartrienne de l'existence : construire sa liberté.

Je n'aurai pas été un ami de la première heure avec moi-même. Faute de cela, je suis devenu mon propre compagnon de route, celui qui n'adhère jamais tout à fait aux causes qu'il épouse, n'est pas toujours d'accord avec ses propres pensées. J'admets mes imperfections, elles m'amusent autant qu'elles m'énervent, je suis tolérant avec moi-même, mes faiblesses m'émeuvent plus, désormais, qu'elles ne me paralysent, et la position que j'ai acquise en société a fini par me sécuriser parce qu'elle a modifié le regard qui se portait auparavant sur moi.

Ai-je eu un ami, un vrai, un intime, à l'adolescence ? Non, j'ai eu des copains d'école, Bernard, des copines de fêtes, Catherine, Laurence, Nicole, le fils du marchand de couleurs, Jacques Allimonier et Joël Roussel, ces deux derniers perdus de vue aujourd'hui. Les quatre premiers, qui n'étaient pas davantage des intimes à l'époque, je les retrouverai par intermittence dans ma vie d'adulte, parce qu'avec eux, qui me ressemblaient peu ou prou, j'avais partagé mes doutes, mes troubles, mes premiers combats. Ai-je pourtant brisé la glace avec eux ? Non. Et toujours pas. C'étaient des amitiés au hasard, sans structure, sans but. Quand on n'a pas eu cette amitié avec soi-même, comment en construire d'autres avec vos doubles, plus ou moins proches, encore moins avec des Mousquetaires ? Ce n'est qu'aujourd'hui que je commence à être prêt à envisager ce type d'amitiés et de rencontres, à les croire possibles. Mieux vaut tard que jamais.

Vint le temps des Prépas. Les nouveaux venus s'appellent Bergdoll, Pasternak, Darmont, Guenoun, Marie-Pierre Ambrosini. Ils seront des amis à titre individuel, ne constitueront pas une communauté, même s'ils se connaissent entre eux. Je ne les réunirai pas, je ne les fédérerai pas. Je suis, à l'époque, un anarchiste de l'amitié, un individualiste sans tribu, et, pas plus que je ne prétends agréger mes divers correspondants en amitié, pas plus je ne recherche une communauté à laquelle me souder, une seconde famille de remplacement, tant ma famille originelle reste prégnante.

C'est à HEC, ma première inscription professionnelle dans le corps social, que je découvrirai l'amitié-admiration, cette attraction pour des hommes décrétés des modèles : ils s'appellent Haymann, Jollés. À leur contact, sous leur coupole, mais loin de toute intimité entre nous, je me modèlerai, intellectuellement et psychologiquement. Enfance d'un chef…

C'est à quarante ans révolus que je vais découvrir la Franc-maçonnerie et l'amitié communauté. Je rentre dans une Compagnie de fraternité implicite et immédiate. Cette amitié-fraternité avec d'autres va me permettre de devenir un peu plus, enfin, mon propre ami, sur le mode du « Connais-toi toi-même », condition nécessaire (mais non suffisante) du « Aime-toi toi-même ». Mes frères francs-maçons, en m'accueillant et en m'aimant fraternellement, m'auront ouvert à une fraternité avec moi-même. Cette ouverture de moi à moi par les autres va paver le sol des prochaines vingt années et me conduire, enfin, à un univers d'amis du temps présent : Gérard, ma conscience ; D.F., mon jumeau ; Valérie, mon ambition ; Marek, mon histoire ; Gilles, mon confident ; Bernard, mon nouveau compagnon de mouvement.

## Gérard

1997. Il fut le premier ambassadeur de cette quête de moi-même via les autres.
Il y a des hommes d'exception. Les uns parce qu'ils sont nés sous une très bonne étoile. Les autres parce que la vie et ses épreuves les ont rendus tels.
Gérard N. est de ceux-là. C'est un homme de soixante-dix ans, il fut un financier de talent, connut la réussite et l'opulence, investit dans les années quatre-vingt sa fortune dans l'édition qui était son violon d'Ingres et perdit tout.
La vie a cette dureté quand on perd tout, que le reste se met au diapason. Désastres et catastrophes arrivent en grappes. Gérard N. subit la même année un divorce, puis reperdra une nouvelle compagne quelque temps plus tard d'un cancer foudroyant. Quand je le rencontre, il y a quinze ans, il est dans un dénuement matériel et affectif quasi total. Son humanisme et sa culture, seuls, sont restés intacts et l'ont fait survivre. L'intensité des épreuves n'a, pour peu qu'on lui tende la main et qu'il remonte en selle, pas altéré son amour et sa gourmandise de la vie et a même renforcé son humanité, son talent pour la sérénité et la quiétude retrouvées. J'avais besoin d'un financier, il m'a rejoint chez Mauboussin. Je vais partager avec lui la quasi-totalité de mes soucis sur l'avenir de la Maison, mais aussi mes soucis d'ordre spirituel. Gérard N. est l'oreille, il est l'écho, il est la bonne question et il a la sagesse de ne pas être la réponse immédiate. Le questionnement sur le bonheur, sur le temps qui passe, c'est avec lui tranquillement que je le partage. Son humilité, son recul et son goût du bon champagne en font un compagnon à la Montaigne pour mes séances de retour sur moi-même et la tranquillité de mon âme. Il n'est pas un Mousquetaire. Il est le compagnon de route depuis dix ans de ma nouvelle amitié avec un nommé Némarq.

## D.F.

2001. Ma quête intérieure dans la sphère privée va trouver son prolongement et son écho dans la sphère publique.
Nous nous rencontrons D.F. et moi dans une brasserie près de la Madeleine. Un banquier d'affaires nous présente l'un à l'autre afin d'étudier le dossier d'une éventuelle reprise de Mauboussin. C'était parti.
J'ai dit plus haut que je tenais cet homme pour mon jumeau.
Nous sommes compagnons d'aventures et de rêves, dont l'un, le tout premier, nous est commun. Nous avons rêvé de réussir ensemble cette rébellion démocratique du Luxe, de démontrer qu'un David – en l'espèce, à deux têtes – peut défier les Goliath de la place – place, en sa double occurrence de Paris et de place Vendôme. C'est une conversation ininterrompue depuis douze ans, au rythme de trois téléphones quotidiens, ponctuée de rencontres à répétition, de visites amicales, protocolaires, vacancières, voyageuses, œnologiques, gastronomiques. D.F. m'a initié à l'hélicoptère, et plus avantageusement encore pour ma conduite heureuse dans l'existence, aux bons vins et à la bonne chair. Je l'ai emmené en Israël, en Russie, à Singapour. Il m'a appris le bien-fondé du bien vivre. Ce qui consiste, entre autres, à ne pas repousser à demain ce dont on peut jouir aujourd'hui. Vieille leçon existentielle qui remonte à Pierre de Ronsard, et plus avant encore, au *Carpe diem* de nos ancêtres les Romains.
Le temps, chez moi, a toujours été – j'allais écrire de tous temps – un invariant. Le temps qui passe est mon angoisse. Cette angoisse est un point de gémellité majeur entre D.F. et moi. Lui et moi sommes des chronophobes. Notre cohabitation m'a un peu plus convaincu encore, s'il en était besoin, de ne jamais sacrifier le moyen terme au présent. Il est naturel et bon d'être continûment pressé de vivre. Le moment juste ne s'attend pas, pour jouir de la plénitude de ses attentes. Pour autant, D.F. est un aventurier des

parcours aux longs cours. Coureur de fond, il est peu attiré par les distances courtes et les courses inachevées. Je lui sais gré de m'avoir rappelé cela, à moi, homme de l'immédiat, qui eus tout, tout de suite au berceau, l'amour infini des miens, mais qui aurais tout le reste à conquérir. Un peu à la façon de ces Polytechniciens omniscients qui, comme on les brocardait jadis, « savaient tout, mais ignoraient le reste ».

## Valérie

2004. C'est à l'hôtel Costes, ce théâtre des apparences où la Café Society de Londres, de Paris et d'ailleurs se donne rendez-vous, que Valérie vient à moi, pour s'être fixée avant même notre rencontre la mission souveraine de me mettre en lumière sur la place de Paris.

8 heures 15 le matin. Téléphone. « Je parle au glorieux Alain Némarq ? Salut le plus beau, salut le meilleur ! Le monde est à toi. »

J'avais tellement laissé le hasard décider pour moi.

Pour Valérie, le hasard est son premier ennemi. Chaque jour est un combat, et rien n'est impossible à qui se donne une ambition nouvelle jusqu'au soir. Vous voulez arrêter – ou commencer – de fumer ? Arrêtez – ou commencez – jusqu'à demain. Et ainsi de suite. Telle est Valérie. Contre mes prurits d'introverti, contre mon *Lamento* qui est mon fond de l'air, elle est l'antidote matinal à ce goût du retrait qui m'habite. Femme vitamine, je suis, dans son imaginaire accapareur, son Apollon de Bellac, ce luminaire naïf qui, dans la pièce de Giraudoux, s'allume quand on lui dit qu'il est beau. Elle m'encense outrancièrement, n'en croit rien, moi moins encore, et nous rions de concert à ses éloges qui tuent. Elle est ma mouche du coche, ma préposée à l'enthousiasme, aux paris, mon Missi dominici dans Paris, elle me relationne au forceps avec les Importants de la place, me dé-timidifie, elle en fait un peu trop, je refroidis les rêves à répétition qu'elle fait pour moi, elle revient sans cesse à la manœuvre. C'est devenu un jeu entre nous.

Valérie m'a apporté l'ambition au quotidien. Cette Ambition en majuscule, qui n'était pas en moi, qui est propre aux grands caractères (« Le caractère, c'est le destin », disaient les Grecs) et aux conquérants de la vie, dont le but – territoires, richesses, pouvoir, notoriété – est fixé d'entrée de jeu, à l'instar de ce jeune homme nommé Victor Hugo, écrivant sur son journal, à l'âge de quatorze ans, pour mieux s'en convaincre lui-même et s'y lancer tête baissée : « Je veux être Chateaubriand ou rien ».

Cette ambition en mode majeur, je la découvre sur le tard. Mais je la joue, pour ma part, en mode mineur.

Car je n'attends pas de mon existence chez Mauboussin l'enrichissement ou la gloire, mais plus modestement la renommée. Je serais heureux que l'on puisse dire de Mauboussin que c'est Alain Némarq, que Mauboussin est « mon œuvre ». Même si tout tourne à l'éphémère, si tout ou presque retourne à la poussière, à l'oubli ou au néant, il y a l'espérance que les choses qu'on a bâties resteront, qu'elles sont la première marche, de notre vivant, vers l'immortalité.

Fort de cela, jamais je n'ai cherché, à la différence de ces Maisons en mal d'identité, à associer au prix fort ces béquilles de renommée internationale, stylistes, designers stars qui viennent rehausser de leur signature une marque en panne ou désireuse de se renouveler, avant de la déserter avec armes et bagages vers des horizons concurrents toujours plus rémunérateurs.

Valérie a une ambition démesurée pour Mauboussin et moi-même. Je lui en sais gré. Elle me propose des solutions brillantes, le recrutement de créateurs en vogue, des partenariats prestigieux. Au risque de passer éternellement pour un sale gosse, je rejette d'autant plus ses propositions qu'elles sont pertinentes et

alléchantes. Car elles vont à l'encontre de ma philosophie de la vie et de mon image de moi-même. De Gaulle qui disait : « La France, c'est moi », sortit le pays de l'OTAN et ne voulut pas de la Grande-Bretagne dans l'Europe. Charbonnier maître chez soi. Mais là est le « génie » de Valérie. Elle a parfaitement saisi la chose, cela va sans dire.
Elle n'en revient pas moins périodiquement à la charge, sachant, en vérité, que cela fortifiera d'autant mon « Être moi-même », ce noyau dur d'identité solitaire et rebelle qu'elle finit, belle joueuse et jamais à contrecœur, par mettre avec art en musique. Elle me reproposera demain ce que j'ai refusé aujourd'hui ? Valérie éclaire mes chemins, y compris ceux que je ne veux pas emprunter. Et cela m'aura épargné bien des déconvenues, des échecs très certains, le gaspillage du temps.

## Marek Halter

2007. C'est Valérie, cette marieuse de la Tour Eiffel, architecte des croisements parisiens, qui me fit rencontrer Marek.
J'avais été conquis pacifiquement par le *Mur pour la Paix*, érigé devant l'École militaire de Paris, par Clara Halter. J'en voulais un dans mon bureau. En miniature. J'avais lu *La mémoire d'Abraham* de Marek Halter.
Je suis allé un jour prendre un thé dans le Marais et acheter un *Mur pour la Paix* à Clara. L'idée me vint de décliner cet hymne à la Paix en joaillerie, en créant un bracelet, un pendentif et une bague, *l'Alliance de la Paix*, portant le mot de « paix » dans toutes les langues.
Nous nous rencontrerons chaque semaine au Flore. Marek prend un chocolat avec du lait et moi un café pot. Marek me raconte son histoire. Exfiltré du Ghetto de Varsovie avant la rupture du Pacte germano-soviétique, il échappera à l'extermination nazie.

Son histoire est cousine de la mienne. Juif laïc, farouche adepte du franco-judaïsme, dans la lignée de Léon Brunschvicg, Julien Benda, Léon Blum, Raymond Aron et tant d'autres, je n'en ai pas moins la conscience d'une histoire intimement partagée avec le peuple juif dans son ensemble, et bien au-delà de la branche ashkénaze à laquelle j'appartiens. Marek est avant tout un narrateur, à la mode de ces conteurs, hier, du shtetl, porteurs du Livre et du verbe, diseurs experts, porte-paroles des souffrances, des légendes et des rêves de ce peuple à la nuque raide, inventeurs inépuisables de l'humour yiddish, ce mélange de tendresse et d'autodérision, où l'on fait des malheurs de l'existence et de l'hostilité du monde une occasion de rire de soi et des autres. Un rire jaune. Mais plus encore qu'un moderne conteur juif, Marek est un témoin. Il m'ouvre, par le détour de l'histoire, aux récits du temps présent. Militant inlassable de la paix au Proche-Orient, optimiste forcené, héritier des thèses de Clermont-Tonnerre – « Il faut tout refuser aux Juifs comme nation et tout accorder aux Juifs comme individus » – il est un chantre de l'assimilation, en même temps qu'il est fidèlement communautaire, quand moi-même je fluctue entre l'athéisme de l'assimilation, et, le jour d'après, si un porteur de kippa est agressé, la loi du Talion.
Marek, le militant de la paix, le sage, l'aîné, me rappelle que la passion est mauvaise conseillère. Et puis son « culot », quand une cause lui tient à cœur, me fascine. Il est pour moi l'image de l'audace. Nous avons inauguré ensemble un monument baptisé *L'Alliance de la Paix* dû à Clara, le 11 novembre 2014 dans la clairière de Rethondes où fut signé l'armistice qui mettait fin à la boucherie de la Première guerre mondiale, en présence d'une brochette d'autorités européennes et du Premier ministre. Marek lança l'idée de ce monument, convainquit l'État-major des Armées, les Monuments historiques, le Président français, le Préfet de l'Oise, le Maire de Compiègne et quelques autres

institutions. À mes yeux d'homme effacé, plus les hommes ont des ego importants, plus leur commerce est compliqué. Mais c'est eux que je cherche, moi, l'ex Petit Chose, en priorité.
Marek, chaque Roch Hachana, réunit chez lui dans le Marais la brochette la plus chatoyante des Parisiens de Paris, où se mélangent intellectuels, personnalités de la communauté juive, représentants de la gauche caviar, politiciens en vue de la droite républicaine. On y vient évaluer sa côte, l'indice de flottaison du nom, faire bonne figure à la Foire aux Amitiés. On vient pointer à la Tribu, émarger au registre des présents. Y être, c'est en faire partie. Marek est un circulateur et un vecteur émotionnel à lui tout seul.
Mais Marek, par-dessus tout, est un de ces militants du monde, qui servent des causes, quand d'autres s'en servent autant, voire davantage, pour leur propre image. Peu importent, diront certains, cyniques en tête, peu importent le carburant intime et les mobiles privés de l'action ; ce qui l'emporte au final ce sont le résultat public et les effets concrets sur le cours des choses et l'esprit de ses contemporains. Les moralistes du Grand Siècle, en fidèles lecteurs d'Aristote, et un siècle avant Kant, ne seraient pas d'accord, diraient que de telles actions, aussi effectives et bienfaisantes soient-elles, ne sont pas de ces hautes et belles actions dépouillées de tout intérêt personnel. Faut-il être un Saint, un « pur », pour s'autoriser à être utile à ses semblables ?
Marek, combattant de la liberté et de la paix, est un rêveur impénitent de bonheur pour une humanité réconciliée. Peu importe que son rêve soit chimérique. Il est son oxygène vital. À sa manière, en plus tragique, Marek incarne mon histoire. Et je partage son rêve. Je ne serai jamais à son image pour toutes les raisons de la terre et du ciel, mais j'aurai rêvé grâce à lui d'être moi aussi ce combattant de la paix et de la liberté qu'il est et qu'il demeure.

## Gilles

2009. Un ami, c'est quelqu'un qui, ne vous percerait-il pas en tout, lui resteriez-vous pour une part, comme à vous-même, un inconnu connu, vous donne des nouvelles de vous.
Ce fut une rencontre inopinée, par l'entremise de Valérie.
Gilles est un homme de l'ombre, qui a fait de l'anonymat sa marque de fabrique, tant il se délecte de n'être pas visible, au point que l'on pourrait presque suspecter le contraire. Il est, à mes yeux, un de ces témoins de l'existence perpétuellement en colère devant l'iniquité et contre les méchants, sorte de chevalier sans monture à la Don Quichotte, où le combat pour une cause – souvent lointaine – l'emporte sur les contraintes matérielles de l'existence, auxquelles il a peu sacrifié, pour prix de sa liberté. Il est devenu un interlocuteur privilégié, dans une relation biunivoque où nous nous confions l'un à l'autre sur nous-mêmes. Je ne crois pas m'être mis autant à découvert que devant Gilles Il est devenu le témoin de l'intime, une oreille, en même temps qu'un interrogateur et un renvoyeur de balles, dans des allers et retours de paroles et d'interrogations, une interlocution sans fin, où la connaissance de soi et l'estime de soi passent par le souci de l'autre. Avec en arrière-fond, un idéalisme commun, la nostalgie des slogans de 68, de la plage sous les pavés.
Nous ne sommes pas toujours d'accord sur tout, son œil s'exerce sur le monde qui m'entoure et le monde en général d'un point de vue plus abstrait, plus théorique, que le mien, nos parcours diffèrent profondément, je ne prétends pas être un intellectuel ni un activiste engagé en direct dans les affaires et les affres du monde. Si G. est un homme en colère, je suis un adepte de la tempérance, dans la lignée – encore lui – de mon cher Montaigne.
Nous restons nous-mêmes, mais il en découle souvent pour nous deux quelques inflexions réciproques.

Le chemin du bonheur se lit dans la vérité de nos relations intimes, quand, si diverses soient-elles, elles s'articulent en un réseau, un faisceau dont vous avez le code. Et puis j'ai cette faiblesse d'admirer. J'ai le don d'admiration. J'embellis ceux que j'aime et qui méritent de l'être. Voir en mieux ce qui est déjà très bien m'enchante. Surtout, ne pas voir, encore moins analyser, au prisme de mon ego. En un mot, j'aime aimer, j'aime estimer, j'aime admirer, je n'aime pas mépriser.

Et je plains les jaloux qui se refusent à tout exercice d'admiration, comme si le beau pré voisin enlevait une part de sa verdeur au leur. Mais je plains davantage encore le chien qui mord la main qui le nourrit, le traître qui prend la place de son ami ou de son maître. Quelle que soit leur ascension future, ils ne seront jamais, au fond d'eux-mêmes, que des usurpateurs. Et ne seront jamais heureux. Là, où finit Montaigne, commencent Shakespeare et Lady Macbeth.

## Bernard

Été 1987. J'ai vingt-cinq ans, je suis un *nobody*.

Il existe déjà à pleine vie, brillant, séducteur, déjà glorieux, jeune capitaine. Trop beau pour moi.

Je lis comme tout le monde *La barbarie à visage humain*. Lévy symbolise une élite intellectuelle et sociale à laquelle j'ai conscience de ne pas appartenir. Une conscience malheureuse.

Cet été-là, séjournant à *La Colombe d'Or*, à Saint-Paul de Vence, je croise chaque jour Bernard et Arielle Dombasle en grand duo fitzgéraldien, ce qui conforte encore leur inaccessibilité à mes yeux. Il semble avoir sublimé le quotidien, il est « engagé », je ne le suis pas. L'inhibition qui est alors la mienne, semble ne jamais pouvoir se guérir, je ne leur adresse jamais la parole. Ma vie, décidément, ne basculera jamais !

Or, à la mort de ma mère, mon existence va basculer. Je vais, par force, sortir de la logique familiale et de cette obsession reçue en héritage, de la survie, même si je jouis déjà d'un très honnête salaire. Tout – c'était une priorité absolue – visait à ce que la gêne ne revienne pas. Le matériel prime. Demeure au loin le rêve d'être un autre. Mais, comme mes parents jadis, je dois d'abord la sécurité aux miens. Or à la mort de mes parents, je plonge dans l'insécurité existentielle, je me retrouve seul au monde. Le fantasme de la tranquillité matérielle vole en éclats. La quiétude matérielle n'est pas la quiétude. Mon chagrin d'orphelin, ma solitude me feront franchir le pas. Le premier effet de la disparition de mes géniteurs engendre un besoin absolu de me rapprocher de mes enfants dont je vais devenir, enfin, véritablement le père. Second effet : Fuck le mercenariat ! Ma vie professionnelle doit être en accord avec mes idées de gauche. Retour au professorat, mon premier métier ?

Le hasard va déjouer ce noble mouvement et faire que je rentre chez Mauboussin. À nouveau comme un mercenaire ! Et pire encore, en vue de « faire le ménage ». Car contrairement aux apparences flatteuses des vitrines et des boiseries XVIIIe de l'immeuble place Vendôme que la Maison occupe depuis 1945, la vénérable Mauboussin va mal et frôle l'agonie. Ses voisins et concurrents ne donnent pas cher de son existence, et nul, parmi eux ni ailleurs, n'a songé à s'en porter acquéreur. Apprenant que je suis totalement étranger au métier, toute la Place prédit avec une joie non dissimulée l'échec à court terme. Dans ce contexte délétère, mes idées de gauche, c'est peu de le dire, ne sont en rien de mise. Son repreneur et mon futur ami, D.F., nourri par ses expériences passées d'inventeur de produits grand public et partant du constat que Mauboussin est devenue pauvre avec des riches qui la désertent chaque jour davantage, s'est convaincu que cette trop vieille dame peut redevenir jeune et riche avec des « pauvres » qui ne le sont que pour la Caste de loisir et ses dépenses

ostentatoires, que la renaissance viendra de ces milliers et milliers de nouvelles femmes autonomes dans leur vie professionnelle et affective, qui choisissent et s'offrent elles-mêmes leurs parures et décident de leurs propres grâces.
Fin des trophées, fin des joyaux ; faisons des parures de seconde peau. La nouvelle philosophie de Mauboussin va se nouer ainsi peu à peu, et moi-même, du mercenaire et de ses chirurgies d'urgence (licenciements abrupts, restructuration pour sauver la boîte), je vais passer à une posture d'engagement, sur le thème : le luxe pour toutes ! Dans la même logique, homme de l'ombre par nature, je vais me retrouver peu à peu dans la lumière par nécessité. Être joaillier place Vendôme, quoique vous en ayez, que vous le vouliez ou non, vous met en avant, ce qui oblige mécaniquement à moins de timidité et de frayeur sociale.

Travaillant place Vendôme, je vais souvent déjeuner en face, au bar du Ritz, un lieu fort couru des Rich & Famous. À la seule vue de mes commensaux, ils n'en deviennent pas moins, à force, mes « familiers », et les fréquenter de si près si loin « m'apprivoise » peu à peu, moi leur parfait inconnu. J'y croise parfois BHL. À tout le moins géographiquement, nous partageons, là, au Ritz, une même sphère. Je n'ose toujours pas l'aborder, faute d'un intercesseur. Tout le monde, dit-on, un jour ou l'autre est passé, passe ou passera au bar du Ritz. On y capte la gestuelle de l'élite, cet air détaché, dégagé, où chacun semble être comme chez soi, ne regarde apparemment personne, tout en balayant la salle du radar des yeux, est conduit directement à sa table, toujours la même. C'est le théâtre subtil du voir et du vu. La bouteille d'eau est apportée, pétillante ou pas. Il est de bon ton de feindre un peu de clandestinité dans l'objet du rendez-vous, s'il est officieux. S'il est officiel, on va saluer alentour ses connaissances. S'il est privé, on s'assied ostensiblement le dos à la salle, afin de rester incognito et que l'assistance se demande : « Avec qui déjeune-t-il ? ». Le rite est vite acquis.

Bernard, reconnaissant à ma table Valérie et G., qui me présentent, me salue à chaque fois, sans pour autant mettre mon nom sur mon visage.

L'histoire commence à Bangkok (le Monde entier, ai-je dit, est mon bureau), une fin d'après-midi de mai 2013, alors que coincé dans un taxi sous les trombes d'eau de la mousson, je tente désespérément dans des embouteillages inextricables en raison des avenues noyées par le déluge, de rejoindre le havre de mon hôtel. G. au téléphone m'apprend l'ouverture prochaine d'une exposition conçue par son ami BHL, intitulée *Les Aventures de la Vérité* à la Fondation Maeght, à Saint-Paul-de-Vence, où celui-ci entend explorer les liens entre la philosophie et la peinture, des origines à nos jours.
La préparation est quasiment finie, mais les coûts vertigineux d'assurance des derniers chefs-d'œuvre que le commissaire philosophe convoite, obligent à rechercher une manne supplémentaire. Mauboussin traversait une passe délicate. Décider d'une opération de mécénat n'était pas des plus opportuns. Mais il y avait la dimension du rêve, l'envie de transcender mon propre credo en aidant une entreprise de démocratisation des idées par le biais de l'art.

BHL est un vrai personnage, attachant, contradictoire, maître ès intelligence, contempteur fougueux et acteur de son temps, militant sans relâche pour les causes justes, et je brûlais de connaître mon lointain « ami » du Ritz.
G. jouant les go-between, nous déjeunons tous les trois quelques jours plus tard Rive gauche. Nous parlons de notre fidélité, lui et moi, au père, seul vrai juge de soi, nous parlons de la transmission, du Bien et du Mal. J'oublie bientôt que Bernard est BHL, pour le considérer comme un semblable. Un type « un peu plus » que moi ; mais un type comme moi. Me revient en mémoire

la phrase fameuse de Sartre sur lui-même, dans *Les mots* : « Un homme fait de tous les hommes et qui les vaut tous et que vaut n'importe qui. » BHL, non moins que moi.
Nous constatons notre communauté de destin, sans être lui ni moi des communautaires. Nous parlons de la compétition victimaire entre les dépositaires des mémoires des génocides passés. Pas plus que lui, je ne considère la Shoah – son unicité mise à part – comme monopolisant la souffrance humaine. Je n'ai pas plus à justifier de m'en dire un survivant indirect que de scrupule à exiger des autres qu'ils s'en souviennent absolument.
« Pessimisme de l'intelligence, optimisme de la volonté », faire comme si le bien existait : cette posture nous réunit. Nous parlons de Sartre, le Grand Homme de mon adolescence, sur lequel Lévy a écrit son *Siècle de Sartre* que j'avais lu à la lettre. Je me figurais à des lieues du personnage public et loin, bien loin des altitudes que je lui prêtais. Je me reconnais dans nombre des choses qu'il évoque avec une éloquence familière. Osant me réclamer de cet échange d'idées et d'une même proximité de pensée, nous sommes, lui ô combien directement, des témoins engagés, des activistes pessimistes guidés par l'espérance.

J'avais, quelques années plus tôt, à la Fondation Maeght, soutenu une grande exposition Giacometti. Mauboussin sera un des mécènes de cette nouvelle exposition, *Les Aventures de la Vérité,* à haute teneur intellectuelle, qui, déjouant les pronostics, égalera les records d'affluence de la Fondation Maeght, tout l'été 2013. Son auteur m'appellera chaque semaine pour me communiquer la fréquentation et m'en faire partager le succès. Cette fraternité inédite me touche, qui fait écho à celle des francs-maçons, cette élite à l'envers où l'on me reconnaît comme tel.

Je réunis un soir d'été à la Fondation la tribu Mauboussin. Lévy s'adresse à nous dans la cour des sculptures de Giacometti, sous

les étoiles. « La peinture permet de penser le monde ». Sous sa conduite limpide aux antipodes de l'élitisme de rigueur en la matière, nous parcourons les salles, dont la première est occupée par une œuvre de Huang Yong Ping représentant la Caverne de Platon, gigantesque météorite creuse au sein de laquelle des talibans armés de bazookas sont agenouillés. Nous passons devant un tableau de Simon Vouet, *La Sainte Face*, ce voile de Véronique qui essuya le visage du Christ montant au Calvaire, et sur lequel il s'imprima. Cette figuration du Divin venait après tant d'autres défricheurs, qui levèrent peu à peu l'interdit sur la représentation, assimilée, à l'aube du monothéisme, à de l'idolâtrie. Le règne de la peinture pouvait commencer, d'abord sacrée puis progressivement profane, et son discours sur le Monde ne cesserait plus.
Suivent en une succession signifiante mélangeant à dessein les classiques et les modernes sobrement explicités par leur rassembleur philosophe, Bronzino, Cranach, Philippe de Champaigne, Victor Hugo, Basquiat, Soulages, Baselitz, Guy Debord, Rebeyrolle, Tintoret, Picabia, cent autres… Oui la peinture, de concert avec la philosophie, parfois contre elle, parfois mieux qu'elle, permet non moins qu'elle de penser le monde.
Et puis, le thème de cette exposition, *Les Aventures de la Vérité*, rejoignait le chemin maçonnique vers la Lumière où je m'essaie depuis dix ans à progresser.

Un an plus tard, je convie de nouveau la tribu Mauboussin, au Théâtre de l'Atelier, pour *Hôtel Europe*, la pièce de Bernard-Henri Lévy. Au même moment, Mauboussin sponsorise un match de boxe qui compte pour le championnat du monde des poids lourds, entre Jean-Marc Mormeck et X. Ce grand écart n'en est pas un. Il n'y a pas, à mes yeux, d'un côté les divertissements faciles pour ce grand enfant que serait le peuple, et de l'autre, les plaisirs et les joutes de l'esprit pour les happy few du monde de la culture. Mormeck pratique le noble art en gentleman, non moins que Lévy le dandysme rebelle des grands vigilants au milieu des âges sombres que nous traversons.

Gérard, D.F., Valérie, Marek, Gilles, Bernard m'ont sorti de moi-même.
Je n'avais jamais pris la parole le premier en public, je me réfugiais dans l'anonymat.
Aujourd'hui, ceci est mon deuxième livre, et je le signe, plus encore qu'*'Un rebelle place Vendôme,* de mon nom.

# Les petites filles du président Mao se sont réveillées plus tôt que prévu

Elle s'appelle Melody.
Elle a trente ans, elle est de Nankin, elle est célibataire, elle est directrice marketing depuis deux ans d'un groupe chinois dont l'activité se répartit entre la distribution bijoutière, l'or et l'immobilier. Elle parle le mandarin, un anglais parfait, elle est grande, elle est brune, elle est souriante. Je la rencontre à Shenzhen, la zone franche chinoise aux portes de Hong Kong.
Elle m'explique dès les premières minutes que son groupe serait le meilleur partenaire pour Mauboussin en Chine, tant le marché chinois du luxe est le plus sûr atout de développement mondial de notre commerce propre, tant, plus encore, les jeunes femmes de sa génération, les trentenaires, s'introduisent en masse depuis dix ans dans les entreprises chinoises, tant la féminisation est galopante tous secteurs confondus, et tant ces femmes, bien plus modernes et « libres » que les hommes chinois, bien plus ouvertes au monde extérieur, via la mode et sa mondialisation vertueuse, sont les adeptes d'une mode axée sur la création autant qu'accessible à toutes ces Chinoises new look, aux antipodes de l'engouement de la décennie précédente des nouveaux riches de Pékin, de Shanghai ou Canton, ornant épouses, concubines et courtisanes comme des sapins de Noël, chargées de trophées astronomiques à la gloire de leurs commanditaires.

Melody m'explique que sa génération possède cet avantage sur ses homologues masculins formés dans les universités du pays, qu'elles, ont été formées en Amérique, le plus souvent, parlent les langues étrangères, connaissent la vie internationale, et qu'elles seront les vrais moteurs de l'ouverture de la Chine sur le reste du monde. Elles sont le pont privilégié pour l'importation de la culture et des mœurs occidentales en Chine. La Chine, d'un univers jusque-là d'hommes, de fabricants, de conquérants planétaires, est en passe de devenir une terre de femmes, d'échanges et d'ouverture intérieure.

« J'ai eu une bourse pour étudier en Amérique. Mais lorsqu'on a partagé l' *American way of life*, ses outrances, les comportements hyper-voyants des Américains en public, leur addiction à la consommation, l'*entertainment* à la place de la vraie culture, nous Chinois, peuple de vieille civilisation, aussi fascinés que nous soyons par l'ultra modernisme, Shanghai, le futurisme urbain et le reste, nous sommes en manque de la subtilité et du raffinement européens. Et en Europe, c'est la France qui représente cet art de vivre, introuvable en Amérique comme de nos jours encore en Chine. »

Melody me dit avec son merveilleux accent chinois la seule phrase qu'elle connaisse dans notre langue : « Le bonheur s'écrit français. »

Quarante ans après *Révo. Cul. dans la Chine pop.*, le brulot situationniste de Guy Debord jeté en pleine Révolution Culturelle à la face de nos maoïstes français qui ne juraient que par *Le petit livre rouge* du Président Mao, cette révolution culturelle à l'envers de la Chine par les petites filles du même Président Mao est peut-être la meilleure chance qu'a cet immense pays de s'ouvrir au monde et à l'humanisme contemporain, non plus par le seul commerce des biens, mais par la culture et l'art de vivre.

Pour Melody, l'Amérique aura été indispensable à son émancipation du monolithisme chinois et ses carcans idéologiques.

La France le sera peut-être à son tour pour la vraie distinction, le « grand goût » et la liberté d'être soi.
En Chine plus encore qu'ailleurs, les femmes, décidément, sont bien l'avenir de l'homme.

## C'est un type de cinquante ans

C'est un type de cinquante ans.
Il eut trente ans, fut un jeune homme pressé de jouir de l'existence par sa brillance et sa séduction, eut un grand talent pour les affaires, fut attachant par sa puissance et sa constance en amitié. Je le revis épisodiquement lors de ses trois mariages et ses passages en France, entre le Maghreb, le Moyen-Orient et le vaste monde. Je le retrouve par hasard au Cap d'Antibes à l'automne 2014, toujours aussi brillant et séduisant. Il a cinquante ans, l'âge, dit-on, de la plénitude de la vie, et me raconte la nouvelle affaire de son existence.
Il s'est installé à demeure en Tunisie pour cause de palmiers, de soleil et de femmes. Il exerçait la profession peu stressante de conseil pour les autochtones et les étrangers, se trouvait propriétaire d'une agréable villa les pieds dans la Méditerranée, avait une voisine. Leurs menus problèmes de mitoyenneté amiable se règlent autour d'un verre, chez l'un puis chez l'autre. La voisine amène une amie. Tous trois deviennent amis, très amis, excellents amis. Et puis, un soir, tout le monde tombe d'accord pour dire : « Cela va comme cela. Passons aux choses sérieuses. Au Plaisir. » Aussitôt dit, aussitôt fait. Depuis cette soirée inaugurale autant que conclusive, mon type de cinquante ans vit ainsi sa vie à trois et se dit le plus heureux des hommes. Il ne dispense plus ses conseils aux autochtones et aux étrangers, ne voit plus quiconque en dehors de sa voisine et de son amie, m'abandonne aussi vite qu'il m'a raconté cette histoire pour rejoindre lesdites dames, ne me laisse aucune adresse.

Le bonheur serait-il dans ce retrait du monde et la clôture privée très au large de ses semblables ? Se refuser à la guerre de tous contre tous, à quoi se résumerait plus ou moins l'existence ? Et pour ceux que leurs semblables et la brutalité de la vie sociale effraient, « faire un pas hors du rang des meurtriers » ainsi que le prônait Kafka ? Pour d'autres, s'épuiser au travail et à la peine jusqu'au *burn out*, et rompre enfin avec le monde de l'affairement afin de renaître à soi-même ?
Le message de ce type était : tout est possible si nous nous donnons nos propres règles, et nous jouirons alors sans entrave. Hélas (mais pas complètement), j'ai été élevé dans l'esprit inverse qu'il fallait observer les règles, s'accommoder du monde et d'autrui, avant, éventuellement, de tenter d'infléchir son cours à défaut de pouvoir le changer.
Si l'on adopte le principe que nous avons des vies successives et plusieurs existences en une, la première de ces vies serait de s'adapter au monde tel qu'il nous est donné, et chose faite, de tenter de vivre notre seconde vie selon ceux de nos désirs en tête de liste. Il se trouve que je suis aujourd'hui dans une troisième vie, sans rupture avec les deux autres : celle du retour sur soi. Où mon rêve de toujours reste de redevenir le professeur que je fus, doublé si possible d'une autorité morale que je n'avais pas alors, faute que je me sois, dans ma seconde vie, jeté dans l'arène politique, mon rêve le plus profond. J'en fus empêché par moi-même, pour être un velléitaire impénitent, redouter le combat, détester les rapports de force, et je suis resté sur la touche.

Mon Tunisien disparu avec ses deux inconnues, je déjeunais au lendemain de sa disparition avec la directrice d'un institut d'enseignement local, femme d'un banquier d'affaires, trente-cinq ans, belle, intelligente, deux enfants, et, de surcroît, une excellente cliente. Nous parlons de la loi sur le mariage pour tous que je considère comme une victoire pour les libertés individuelles. La directrice ne partage en rien mon point de vue. Cette loi contribuerait à désintégrer la famille et porterait, de ce fait, atteinte à la République. À l'école, s'indigne-t-elle, on ne vous demande plus le nom de votre père et de votre mère mais celui de vos « parents », puisque vous pouvez avoir certes un père et une mère, mais deux pères désormais ou deux mères. Elle s'indigne encore plus que l'on supprime la fête des mères à l'école pour ceux des enfants qui auraient deux pères mais pas pour ceux qui auraient deux mères. Pour finir, elle m'interroge si je me serais entièrement accommodé que mon fils ou ma fille soient homosexuels. Je dois reconnaître que je n'eus pas été entièrement enthousiaste. « Seriez-vous schizophrène ? Libertaire pour tous d'un côté, hétérophile de l'autre pour vous. » Je lui réponds que la schizophrénie, en effet, est le propre du démocrate. Il n'est pas toujours d'accord avec lui-même. Ses idées, son éthos, militent parfois contre son appartenance de classe, son instinct, sa « nature ». Quant à la diversité et au choc des opinions, même chose : il faut opposer le dissensus libérateur au consensus dominateur.

## Le bonheur, parce que

Je me sens heureux parce que je vais bien, parce que la vie me sourit, parce que j'accepte l'existence, parce que je n'ai plus envie d'être un autre, parce que l'herbe n'est peut-être pas plus verte ailleurs, parce que je me connais moi-même, parce que je ne fuis pas le présent, parce que je ne me projette plus dans le futur, parce qu'on me reconnaît pour le peu que je suis, parce que je connais une pleine diversité de gens, parce qu'on peut faire bonheur de tout, des choses les plus élevées comme des plus communes, parce que je sais transformer mes angoisses, mon hypocondrie en amusement sur moi-même, ma hantise semestrielle du diabète ou mon taux de PSA en humour noir, parce que j'aime mieux les frimas que la mélancolie, parce que je préfère au bonheur continu l'hiver après l'automne, l'alternance du chaud et du froid, de la présence et de l'absence, de l'ivresse et de l'abstinence, du manque et de la plénitude, du rapide et du lent, parce que mes muses sont les substituts de ma mère, parce que j'ai oublié les méchants, les nuisibles, le prof de math qui me poussa au redoublement alors que j'étais bon, celui d'histoire géo qui nous serinait en Prépa que nous serions tous des mauvais, parce que je tiens toujours à l'œil ces éternels revenants et leurs semblables, parce que les malheurs du monde me font venir la larme à l'œil sans que je sois devenu Père Teresa, parce que la pitié est dangereuse et vaut moins que l'engagement, parce que, né comme nous tous, un monstre d'égoïsme et prédateur d'amour, la vie m'a obligé à partager avec nous tous, parce que je me compare aux autres et que ce qui m'accablait jadis ne m'accable plus, parce que l'admiration pour autrui vous hisse au-dessus de vous-même, parce que je suis envieux mais pas jaloux, parce que j'éclaire mes proches en veillant à ne pas leur faire de l'ombre, parce que mes audaces et mes excitations ne sont plus l'effet mécanique en retour de ma timidité, parce que je ne cherche pas à briller dans les dîners en ville, parce que quand je dis que je fais les mots croisés du *Monde* depuis trente-cinq ans on me tient désormais pour un intellectuel, parce que le monde n'est pas à moi, que j'y suis en locataire et non en propriétaire, parce que je redonne à mes enfants les places pour Roland Garros, que je n'ai plus besoin d'être vu dans les tribunes mais que je reste sensible à ce qu'on m'y invite, parce que, quand le bourgeois que je suis devenu est un peu trop satisfait de lui-même, le créateur, lui, est perpétuellement mécontent de lui-même, parce que si je m'aime un peu, je me désaime tout autant, parce que j'aime me voir de loin, plus créatif à Singapour qu'à Paris et plus moi-même à Paris qu'à Singapour, parce que je suis toujours le même naïf à qui on ne la fait plus, parce que mon scepticisme de droite est égal à mon optimisme de gauche, parce que je n'ai jamais été plus heureux qu'aujourd'hui tout en ayant la nostalgie de mon enfance sans rosebud ni petite madeleine, éternellement cherchés, à jamais introuvables, parce que je vieillis et qu'il y a dans le vieillissement un peu d'éternité, parce que j'ai des petits enfants à qui transmettre ce que j'ai peu transmis comme père, parce que je suis un rebelle place Vendôme, ce qui n'est pas n'importe où pour une rébellion, parce que l'amour des autres me donne l'amour de moi, parce que je n'ai pas peur de la mort ni de ma finitude, mais tout de même…

Et puis, au final, je suis heureux parce que, de même la célèbre rose du mystique Angelus Silesius « est sans pourquoi, fleurit parce qu'elle fleurit, n'a pour elle-même aucun soin, ne demande pas : suis-je regardée ? », la question du bonheur l'est de même. Sans pourquoi.

La mort, à propos. Avantages et inconvénients.
On ne conduit pas sa voiture l'œil sur le capot tout en regardant la route. C'est en raison de notre finitude que le bonheur est à saisir dans l'heure où il se présente. La mort est certes l'ennemi de la vie, mais pas de « l'en-vie » et pas davantage du « bien-Être. » Si je me permettais d'invoquer Héraclite, je dirais que « Je crois au fleuve », aux sautes du temps sans retour, aux coups du sort. Je passe de l'euphorie au désespoir. Parti flamme au vent à la conquête de l'Amérique, j'ai perdu la partie. Je pars de même à la conquête de la Chine et ses dragons.
Je suis heureux comme un mort en sursis qui ne cherche pas à l'apprivoiser, sauf à avoir une vie aux passions temporelles si fortes et si douces qu'elle l'emporte sur l'appréhension que tout cela périsse avec moi. Et puis, oublier l'origine, faire table rase du passé, ne pas avoir de début et donc pas de fin non plus. Vaste programme, à remettre chaque jour sur le métier. Le dur, le doux métier de vivre.

## Le songe d'Abraham

Il se trouve que, si, à la suite de la leçon de Spinoza et de tant d'autres, je doute profondément des religions, je crois non moins profondément en un Dieu qui se confond avec l'origine du monde et de la vie.

Reprenons le Songe d'Abraham, tel que le rapporte et l'interprète Kierkegaard, le pasteur philosophe danois, auteur entre autres du célèbre *Journal d'un séducteur*. Kierkegaard, au rebours du philosophe star de l'époque, Hegel, fait passer la soumission à Dieu qui exige arbitrairement qu'Abraham sacrifie son fils Isaac, avant toute loi naturelle ou morale, et fasse passer sa foi avant sa raison et son cœur.

Mettons-nous à la place d'Abraham. Il est un parfait serviteur de Dieu, a obéi aveuglément à tous ses commandements, et là encore, s'est mis en route sur son injonction. Comment Dieu peut-il soudain lui demander pareille chose, qui s'inscrit contre les lois humaines les plus sacrées et contre ses propres lois, contre le Décalogue dont le commandement majeur est : « Tu ne tueras point » ? Comment Abraham, doutant absolument que Dieu puisse exiger pareil acte à rebours des lois humaines et de ses propres lois, ne douterait-il pas du messager, de l'ange porteur de cette demande ? Ne serait-ce pas un messager du diable, déguisé en messager de Dieu ? Et si même il ne doutait pas du messager, comment de pas douter du contenu du message ? Il y aurait erreur sur le message. Ou encore, sur son destinataire. Car, s'il n'y a pas erreur sur le messager, le message ou le destinataire, alors il

y a, Horreur !, erreur sur Dieu. Ce Dieu si injuste ne peut être le sien. Ou c'est un dieu fou, une sorte de monstre. Bref, ce ne serait pas un Dieu, mais un faux Dieu, un anti-Dieu.
Or Dieu, bien entendu, n'est ni fou, ni injuste, puisqu'il arrête le bras d'Abraham et substitue au sacrifice de son fils, au meurtre de la chair de sa chair, l'immolation d'un animal. Grand moment symbolique, s'il en est, pour l'humanité. Fin des sacrifices humains. Saut majeur dans l'hominisation de l'espèce humaine. Sortie de l'homme de l'état de nature et des lois de nature.
Abraham a obéi aveuglément jusqu'au bout, ne s'est posé aucune question sur la validité et l'énormité de ce qui lui était demandé. Et il a eu raison. Dieu est juste. Et les craignants Dieu, les croyants restent davantage encore des croyants, au lendemain des épreuves auxquelles Dieu les a soumis pour éprouver et affermir leur foi en lui.
Venons-en au lendemain de la Shoah. Dieu n'avait pas arrêté l'Holocauste. Beaucoup de penseurs juifs et non-juifs, nombre d'esprits religieux ont dit alors : Dieu est mort à Auschwitz. S'élevant contre cette métaphysique d'un Dieu absent s'étant détourné des hommes et de son peuple, certains rabbins ont soutenu, au contraire, que c'était le peuple juif qui s'était détourné de Dieu (par l'assimilation au monde des Gentils, l'athéisme, etc.), et que Dieu l'avait, en conséquence, abandonné à son sort. Allant plus loin encore, d'autres ont vu dans la Shoah une réédition du Déluge, une épreuve envoyée par Dieu pour que le peuple juif, s'il devait la surmonter, la surmonterait dans un effort sublime, et ce fut, telle une nouvelle Arche de Noé, la création de l'État d'Israël et la fin de l'errance juive.
Pour ma part, Dieu est mort à Auschwitz et a ressuscité à Yad Vachem. Il meurt de soif et de sang, avec un million d'Arméniens, il y a un siècle en 1915, dans les déserts de Syrie, il meurt à Kigali, il meurt à Srebrenica ; il ressuscite dans les Mémoriaux des génocides, il ressuscite au Tribunal de La Haye ; il ressuscite dans la Justice et la mémoire des hommes.

Calculs de Dieu, selon les uns. Un Dieu calculateur. Mais calculs de Dieu ou calcul des hommes ? Dieu n'est pas à l'image des hommes. Il est hors monde. Ses desseins, pour autant qu'il en ait toujours à propos de l'aventure humaine après qu'il l'ait lancée, sont par nature incompréhensibles. Si je pouvais comprendre absolument le monde où je suis, si je pouvais décrypter les desseins de la Providence, si Abraham avait su par avance que Dieu arrêterait son bras, alors nous serions des sortes de Dieux pour nous-mêmes. Et Dieu ne serait pas.

Je doute, donc je suis, m'a appris Montaigne. Je serai toujours un cherchant. Malgré le happy end du sacrifice d'Abraham, je douterai toujours du messager, du message, et plus encore de sa Source, voire même qu'il y en ait une.

## 25 octobre 1931, 25 octobre 2014

Je doute pour la première fois de la France.

J'habite depuis toujours Paris, cette ville à laquelle les Juifs ont tant donné depuis deux siècles et plus, hommes, talents, œuvres, travaux, et qui leur a tant donné, droits, liberté, Lumières. Même si, sous la botte nazie, reniant son message, elle fut une ville-piège pour le gibier juif quatre ans durant, avec la complicité des traîtres à la France.

Paris, de nouveau, où viennent, comme alors, de retentir, dans ses rues, les mots de « Mort aux Juifs ».

J'imagine ce que pouvait ressentir mon grand-père Achille Némarq le 25 octobre 1931. Dans toute l'Europe, les mouvements nationalistes et fascistes étaient en chemin.

Aujourd'hui, 25 octobre 2014, où je termine ce livre, je ne suis pas dans la situation de mon grand-père Achille. La différence entre lui et moi, c'est que je connais son histoire. Il ne connaissait pas la sienne. À moi, s'impose la vigilance, le réalisme. L'impossible est toujours possible, et je suis inquiet pour moi-même, mes enfants, ma communauté, pour la France.

Quelle que soit la République ancrée dans ses deux siècles d'histoire et de combats, quels que soit la leçon de Jean Moulin et le rôle messianique du général de Gaulle, leur mémoire n'empêchera pas les émules de Pétain, de Bousquet, de Lacombe Lucien qui relèvent la tête, d'entreprendre de déshonorer la France des Droits de l'homme et de la liberté.

J'ai, au fond de moi, un trouble. J'ai, en dépit de ce trouble, une grande espérance.

Le 25 octobre 1931, il n'y avait pas de théâtre, comme celui de l'Atelier en ce moment-même avec *Hôtel Europe*, de Bernard-Henri Lévy, où se jouait une pièce écrite par un Juif, à laquelle auraient assisté deux Présidents de la République, dont l'un en exercice, ainsi que le Président du Conseil de l'époque. Cette mobilisation intellectuelle et politique de la République n'eut pas lieu alors. Elle a eu lieu aujourd'hui.

Juif et Français les deux ensemble : j'ai encore et toujours une bonne raison d'être heureux en France.

# J'ai ce bonheur

Je suis un enfant de l'après-guerre doublé d'un enfant d'Asnières. Ma famille appartenait à l'univers des humbles, nous faisions partie de ces millions d'anonymes qui forment la grande masse du peuple et vivent modestement dans l'ombre, loin des possédants, des puissants et des Heureux du monde, ainsi que les appelait la romancière américaine Edith Wharton. De la fenêtre de la cuisine donnant sur l'arrière-cour de notre petit appartement, j'apercevais la nuit dans le ciel de Paris le halo jaune qui surplombait la Ville-Lumières, tel un dôme en majesté. J'ai très tôt voulu sortir de ce monde des ombres qui était le mien, et accéder enfin à la lumière, à la reconnaissance par le mérite, la voie royale de l'ascension sociale dans la meilleure tradition de l'école et de la France républicaine d'hier et plus guère d'aujourd'hui. C'étaient la méritocratie contre les privilèges de l'origine et de la naissance, les boursiers contre les héritiers. Ce combat pour accéder à la lumière, que j'ai partagé avec tant d'autres Petits Choses comme moi qui entendaient percer le plafond de verre de la barrière des classes, fut le combat de ma vie, et le reste. Car il n'est pas gagné. Ce combat n'a pas été vain, j'ai gagné la reconnaissance formelle de mes pairs, et, à travers Mauboussin, une discrète notoriété publique, dans les médias, à la ville et chez mes concitoyennes, réputation qui, pour parler sans fard, ne m'est pas indifférente. Certes. Sauf qu'accéder un tant soit peu à la lumière, entrer, semble-t-il, de plein droit dans le cercle des gens reconnus, ne vous vaut pas, parti jadis de très bas, pour ne pas dire de presque rien, une pleine et juste reconnaissance. Aux yeux de vos nouveaux alter ego, vous resterez toujours, peu ou prou, pour beaucoup d'entre eux une sorte d'affranchi venu d'ailleurs et qui ne fait pas partie de l'espèce, en auriez-vous adopté les mœurs, les rituels et les règles (ce qui est loin d'être mon cas). Bienvenue au club ? En paroles, oui. Dans les esprits et les cœurs, non, pas vraiment. L'establishment reste l'establishment.

Je viens d'être grand-père pour la quatrième fois, et pour fêter ce bonheur absolu qui m'est offert, nous déjeunons, deux jours après la naissance de mon second petit-fils, chez Lipp, mon frère Daniel, ma presque sœur Sylvie et moi. C'est un déjeuner de nostalgie où, comme souvent à l'occasion d'un nouveau venu dans le cercle de famille, chacun se penche sur sa vie et celles de l'entourage, et nous prolongeons ce jour-là la tradition familiale ancestrale de revivre collectivement la vie de tous et de chacun. C'est l'heure fatale du fameux : « Tu te souviens quand nous, etc. ? », d'évoquer les souvenirs et le temps qui nous est passé. Avant, bien sûr, d'en venir au temps présent et au « où on en est les uns les autres », de se demander si c'était à refaire, on referait pareil ou autrement, si cela valait la peine de vouloir ce qu'on a voulu, si le prix n'a pas été trop élevé pour le résultat obtenu et payé de trop de désillusions, de compromis, de rebuffades.

Je lâche par provocation un : « Pour vivre heureux, vivons cachés », qui fait s'esclaffer mes deux commensaux. Ils ont lu un article ordurier paru quelque temps plus tôt dans *Capital*, consacré à mon aimable personne, qui visait, Dieu sait pourquoi, à me détruire, en juxtaposant des chiffres faux, des témoignages anonymes et des commentaires nauséeux sur mes choix et ma stratégie chez Mauboussin, l'article concluant : « Sera-ce son dernier coup ? », à propos du prochain lancement d'une gamme horlogère fidèle, question prix et le reste, à ma philosophie du luxe pour tous.

De l'avis collectif du trio que nous formions ce jour-là, ce non-professionnalisme ne pouvait venir que d'une volonté de

dénigrement plus ou moins inspiré par tel ou tel concurrent, voire par un establishment informel identifiant en moi le rebelle mal assagi, le joaillier engagé qui-désacralise-le-luxe (et nous tire à nous, la tribu du Luxe, une balle dans le pied).
Pour la première fois, la Presse se laissait manipuler.
« Pourquoi n'as-tu pas demandé un droit de réponse ? » s'étonnèrent mes deux convives. Je feignis d'être au-dessus de ces contingences, refusant, dis-je, de répondre à un journaliste sans talent qui développait un point de vue sans fondement dans un journal sans morale. J'ajoutais que le droit de réponse est un leurre, puisque votre protestation et vos correctifs paraissent en tout petit… dans le courrier des lecteurs.
En vérité, mon frère et ma presque sœur, considérant que je faisais, ainsi que je l'avais passionnément voulu, partie du monde des visibles, je l'avais en quelque sorte provoqué puisque l'exposition fait forcément de vous une cible, et qu'il était trop tard pour m'en plaindre. « Tu voulais tellement sortir du monde des ombres. Pour vivre heureux, vivons exposé. Tu en paies ici le prix. » En bref, c'est la vielle parabole du singe. Plus il monte haut, plus il montre son cul.
Je ne suis pas complètement d'accord. Hier, c'était la structure de la société, sa division en classes, qui maintenait les petites gens comme je l'étais de naissance, dans l'ombre et la sujétion aux dominants. Là, c'était autre chose. Vous n'êtes plus fondu dans la masse et rejeté froidement sur les marges avec elle. Là, l'ostracisme est nominal et soft. Tout en faisant partie socialement et formellement de l'establishment, y ayant vos entrées, vous n'en êtes pas moins qu'une pièce rapportée, un mal-né, un très ancien gueux qui sent encore la paille et le fagot. Certes, le mérite est le mérite, et vous n'avez, cher ami, pas démérité. Mais tout de suite après, on vous rappelle subrepticement à l'ordre, que vous n'êtes pas tout à fait à votre place ici parmi nous, d'autant plus que nous vous y tolérons. Sachez de nouveau, comme jadis, vous faire

humble obéissant et nous fermerons les yeux sur votre obscure naissance. Et ne désacralisez plus, SVP, nos métiers du Luxe.
Il se trouve, en effet, que j'ai (avec d'autres) désacralisé la joaillerie et ses mythes outrageusement rémunérateurs (plus c'est cher = plus c'est beau), de la même façon, presque, que les deux derniers Présidents ont désacralisé la fonction présidentielle. Désacraliser l'institution, démocratiser la joaillerie, ce n'est en rien tuer la beauté, la symbolique des pierres, l'amour du beau. Populariser le luxe avec les moyens triviaux de la publicité n'est pas pour autant en faire un produit comme un autre. Il ne perd en rien son exceptionnalité en se mettant à la portée d'un plus grand nombre par les moyens requis.
Bref, jouant toujours les rebelles, je continue à gêner. On m'a trouvé sans gêne, puis gênant, et l'on me replongerait volontiers aujourd'hui dans l'ombre d'où je suis venu. D'où, en effet, *Capital*. Entre autres.
Le combat, donc, continue. Je ne retournerai pas dans l'ombre. Non pas seulement par un juste orgueil et amour-propre. Mais parce qu'être quelque peu en place et en vue, s'il vous désigne à la malveillance et la vindicte, dans le même temps vous protège aussi. Les faibles, les pauvres, sont beaucoup plus vulnérables à la relégation, au racisme, et sans protection aucune, qu'un nanti. Le crachat sur eux y est glacé. Être visible et tonitruant fait baisser la parole hostile. À tout prendre, il vaut mieux, bien mieux être dans la lumière et s'en faire un bouclier.
Dans sa pièce *Hôtel Europe*, Bernard-Henri Lévy fait dire à son personnage : « Les antisémites en France, vous voulez savoir ce que j'en pense ? J'en pense que je les emmerde. M'a jamais empêché, moi, de dormir qu'il y ait des antisémites en France. Car tout le problème, finalement, c'est d'être assez fort pour être sûr d'être toujours le plus fort ; et fort de cette force, de leur fermer la gueule. »
Il faut avoir la même fermeté vis-à-vis de toutes les barrières, de toutes les tentatives d'exclusion. Être plus fort dans son

être et dans son âme que les maîtres faussement de droit, que les envieux, les jaloux et les salauds. Ceux qui se refusent à me reconnaître comme l'un des leurs, je les combats. Je combattrai leur égarement, leurs préjugés, leur orgueil de caste, pour ouvrir la brèche au profit d'autres que moi, venus comme moi de nulle part, et qui, comme moi, viendront après moi et se heurteront aux mêmes éternels murs de verre.

Oui, le combat continue. Je ne dirai pas comme Céline : « La vie c'est ça, un bout de lumière qui finit dans la nuit. »

# Table des matières

Couverture : Emma Lecadre
Mise en page : Nicolas Vacher
Numérisation : Zebook

Impression réalisée
par Dupli-Print pour Le Texte Vivant
Achevé d'imprimer en septembre 2015
Dépôt légal : octobre 2015
N° 2015092399

Imprimé en France